序言　你的网店为何不赚钱？

当今社会，互联网高速发展，其中所蕴含的巨大商机越来越明显，这激发了人们对于“互联网创业”的冲动。而“互联网创业”中最突出的便是网店的兴起，网络购物现在十分兴旺，而且开网店具有成本低、风险低、交易快捷、产品丰富等优势，因而成为了很多创业者首选的“热土”，出现了一大批在网店经营中获取了丰厚回报的人群，大家开网店的热情更加激昂了。

但是，很多的网店经营者真正创办网店之后，才发现网店的经营远没有自己想象得那么简单，尤其是经营了一段时间之后，很多的网店经营者就会发现，自己的网店不赚钱，而且还在不断地赔钱，为此大家心灰意懒，因此很多的网店经营者选择了退出。

众所周知，开网店就是为了赚钱。如果一家店铺不赚钱，就没有再开下去的必要了。但是现在很多的网店经营者面临着这样的问题：自己的网店不赚钱，但是前期已经做了很大的投入，如果关门所做的一切就打水漂了；但是不关门，还是会亏下去。那么，如何做才能让自己的网店赚钱呢？想要解决这个问题，第一步是要了解自己的网店为何不赚钱。

赚钱的方法多种多样，但是赔钱的原因无外乎几个：

(1) 流量太小。也就是说，很少有买家会进入你的店铺。如果买家都不愿意进入你的店铺看看，那么你的网店赚钱就只能等奇迹发生了。因此，网店经营者首先一定要明确一点，网店能够赚钱，一定要先提高自己店铺的流量，吸引更多的买家进入自己的店铺中浏览。要做到这一点，你就必须想办法推广自己的店铺，只有加大推广力度，才能让更多的买家看到自己的店铺，从而自然而然地进入到店铺浏览商品。有关网店的推广包含两个方面：投资竞价排名服务和自己进行免费的技术推广。这两种推广方式都有优缺点：花钱推广，非常“烧钱”，效果也不一定有保障，而自己进行免费推广，非常浪费时间和精力，需要网店经营者花大力气钻研。

因此，为了快速地提高店铺的流量，网店经营者完全可以双管齐下，开网店前先选择好适合自己的网店形式，不断努力推广经营，钻研技巧，让自己店铺的流量爆棚。

（2）转化率太低。有的网店流量并不少，买家进店的人数也不少，但往往到了最后一步成交的时候，很多的买家反悔了，不买了，因而造成了网店成交量过低，也就是店铺转化率太低。买家从进入你的网店，到产生购买欲望，这其中有着一个非常完善的系统化流程。也就是说，为了能够留住买家，让交易顺利达成，这个时候就需要网店经营者对自己网店装修、产品描述等都做到细致入微，以吸引买家的眼球。这可不是偷懒的时候，如果为了一时的偷懒，从别的地方进行复制粘贴，那么可想而知后果如何。试想一下，如果你是买家，你会愿意从这样的店铺中购买商品吗？当然不会。因此，网店经营者在进行销售文案的撰写时最好用到一些营销心理学的技巧，写得诱人一些，那么成交量就会上升，店铺的转化率也就不会太低了。

（3）竞争力大，利润少。很多人开网店，喜欢薄利多销，这一点是没错，但是薄利多销的商品选几样就行了，没必要全店都是这种商品，这样的话，还怎么赚钱啊？试想一下，销售能赚 5 元钱的商品，和销售能赚 500 元钱的商品，耗费的精力其实差不多，但是利润却相差 100 倍。5 元钱你销售 10 笔才赚 50 元，500 元销售 10 笔就是 5000 元，这说明，开网店应该首选一些比较暴利的商品，这样才有赚钱的可能性。

现在的网店经营，很多的店铺都在做同样的商品，相互之间的竞争比较大，出现了大家不断地相互压价，自然利润就少了。为了解决这个问题，网店经营者最好是在不影响竞争力的情况下，合适地选择货源，同时合理地调整价格，只有这样，利润才能上升。

当然，再好的网店也需要网店经营者努力经营，店铺才能赚钱。在店铺

从赔钱到赚钱，一“本”到位

网店

从一万元到百万元的
盈利策略

（第二版）

赵文锴◎编著

网店新密码　财富新观念

盈利

从足下开始

经济管理出版社
ECONOMY & MANAGEMENT PUBLISHING HOUSE

图书在版编目（CIP）数据

网店从一万元到百万元的盈利策略/赵文锴编著. —2版. —北京：经济管理出版社，2018.9

ISBN 978-7-5096-5961-8

Ⅰ. ①网… Ⅱ. ①赵… Ⅲ. ①电子商务—商业经营 Ⅳ. ①F713.365.2

中国版本图书馆CIP数据核字(2018)第200296号

组稿编辑：张永美
责任编辑：张永美
责任印制：黄章平
责任校对：超　凡

出版发行：经济管理出版社
（北京市海淀区北蜂窝8号中雅大厦A座11层 100038）
网　　址：www.E-mp.com.cn
电　　话：(010)51915602
印　　刷：三河市延风印装有限公司
经　　销：新华书店
开　　本：720mm×1000mm/16
印　　张：14
字　　数：207千字
版　　次：2018年11月第2版　2018年11月第1次印刷
书　　号：ISBN 978-7-5096-5961-8
定　　价：39.00元

同时满足了流量大、转化率高、利润足的基础上，再加上网店经营者用心去经营，这样的网店开起来会不赚钱吗?

本书针对网店经营的 14 个盈利策略进行逐一分析，循序渐进，引导网店经营者去了解网店经营的奥妙。本书是一本网店经营者盈利的实用“教材”，书中汇集了许多成功的网店经营者在选货源、销售推广、服务等多方面的经验和技巧。通俗易懂，条理清晰。所谓“小技巧蕴含大智慧”，只要网店经营者能够掌握并且灵活运用这些盈利策略，一定能够让自己的网店深入人心，利润自然滚滚来。

目　录

盈利策略1　找到引爆销量的批发货源

一、网店要想经营好，市场调查不能少

电商热潮来袭之后，全国的网店如雨后春笋般纷纷冒出，网络创业的竞争不断增强，越来越多的人需要依靠甚至完全依靠网店收入来维持生计，网店能不能赚钱的问题也越来越尖锐了。开网店，选择经营销售的商品是关键。卖什么商品并不是看到网上什么商品卖得火就做什么，网店能不能赚钱，最根本的原因来自优质货源。只要拥有优质货源，店家再运用其他的盈利手段，完全能够轻松地经营好一家网店。那么，作为网店经营者如何才能快速找到能够轻松赚钱的、适合自己操作的优质货源呢？这需要在网店开张之前，做一个全面的市场调查。也就是说，网店要想经营好，市场调查不能少。

因为，只有通过分析市场的形势，网店经营者才能明确自己的网店需要什么样的商品，即什么样的商品能够成为爆款，通过了解该商品的潜力，消费群体的范围，需求情况如何，从而确定出网店经营什么样的商品能够快速地带来盈利。毕竟有需求才有供给，如果一个商品的需求量很少，那还指望谁能来买呢？除了需求之外，商品的质量问题也要得到足够的重视。要知道，网店想要盈利就必然要打造爆款，而打造爆款的过程也是网店信誉积累

提升的过程，如果商品的质量不行，导致差评如潮，结果可想而知。

因此，市场调查是一定要进行的，虽然说每个人在创业前都会做一些市场调查，但不少人却做得很盲目，完全没有考虑到自己调查的信息是否对自己即将开业的网店有用，是否有利于网店的不断发展和壮大，没有考虑到从哪些要素入手进行分析，得出的结果才最适合自己的网店。所以，市场调查应从以下几个要素着手：

（1）分析市场饱和度。所谓的市场饱和度是指在一定的供求范围内，根据最基本的经济原理出现供大于求，市场的饱和度较大，销售就会进入举步维艰的地步；当出现供小于求，商品饱和度低的时候，则非常有利于商家进入到市场中。

（2）商品的选择。选择商品种类的好坏，是关系到网店生存的最为关键的因素。因此经营者完全可以依据市场调研的结果，再结合自身所具备的条件，如资金、时间等，再加上当地的物流系统，就能选出令人满意的商品。想要自己的网店盈利，那么选择商品时一定不能选择那些到处都能买到的商品，既然到处都能买到，为什么大家还要来你的店买，更何况再加上邮寄费，价钱上肯定比从别的地方买贵。这样也就完全招不来买家了，即使招来了买家，能够卖出去，也赚不到什么钱，因为已经有价格在那儿比着了。因此，要想打造出一个赚钱的网店，就要找少见的商品，自然就有人肯花大价钱来买你的商品了！

商品的选择还要考虑到地区的差异。许多商品在不同的地区，价格相差非常之大，因此，经营者完全可以从本地着手，寻找自己身边盛产而其他地方没有的商品，这样才能拥有自己的市场，网店也才能经营下去。

此外，在选择经营商品的时候，要注意尽量选择体积小、好储存、易运输的商品。由于网店特殊的性质，经营此类商品的网店更有竞争力。

（3）竞争对手的实力。在进行市场调查的时候，一定要对竞争对手进行详细调查，除了关注竞争对手的数量以外，还要从网店的定价情况、种类丰富程度、服务是否热情周到、如何吸引买家到店里消费、经营特色在哪里、有哪些不足等方面进行调查。只有这样才能准确定出自己的网店要经营什么，如何经营才能够快速盈利。

(4) 消费群体的能力。要知道买家就是上帝，想要服务好上帝，让买家认定自己的店铺，就需要了解他们的需求，即：这一区域内买家的群体是哪些，年轻时尚一族居多，还是其他人群较多；买家群体的具体要求有哪些，他们能接受的价格范围是什么。通过这些方面的调查就能了解到买家的具体要求，网店开张之后才会很快得到买家的认可。

当然，因为网店经营范围的不同，在做市场调查时，其范围也有着区别，所以调查的范围要适当放宽。除了对可能是竞争对手的调查外，还要调查不同经营范围网店的经营情况，了解清楚这些对自己开店会有很大的帮助。

在网店开张之前，做好详细的市场调查，了解现在市场的最新情况，这样在自己的网店筹备及以后的经营中才能够把握更多的主动权。

二、卖什么由市场说了算

开网店卖什么最赚钱？如何选择商品？关于这两方面的问题，一直都有人问，特别是在当前网店遍地，各类商品多得铺天盖地的时候。网店应如何经营才能突破重围，做到“人无我有，人有我优”的程度。这需要网店经营者根据市场的变化不断地做出改变，简单点说，也就是说卖什么都由市场说了算。

不管做什么生意，总是有亏有赚，没有什么生意是一成不变的。虽然网上开店风险相对于实体店较小，而且货源方面也比实体店轻松，可以做代理，但也避免不了出现盈亏。其实网店盈利最关键的是卖家是否找对了方向，并且坚持不懈，只要做到这两点，经营什么商品都有可能是最赚钱的。

在开店的过程当中，应避开众多的竞争对手，让自己的网店之路走得更顺畅些。可以在适当的范围之内，多选择出一些竞争力度小的商品来卖。不过竞争力度也要与市场的需求点相切合，不要选一些毫无市场需求度的商品，如果这样做的话，竞争力度是少了，但商品也卖不出去了，更谈不上赚钱了，有的时候甚至会导致亏本。所以，卖家开店卖什么最赚钱，要怎样选择，一定要紧跟市场的形势，卖什么由市场说了算。这包括三个方面：

（1）了解商品的市场情况。在挑选网店经营商品的时候，要详细了解商品在市场上的情况，通过查询同类店铺的经营情况和竞争情况，罗列出能够盈利的商品名单，再结合自己的实际情况，最终确定出自己要经营的商品。了解商品的市场情况可以为经营者今后在进货控制、价格制定以及宣传策略等方面提供参考依据。有的经营者往往根据朋友的介绍确定市场情况，这会因为个人观察角度的不同，所得到的信息也存在着很大的风险性。因此，想要开一家盈利的网店，经营者要直接请一些提供市场调查服务的公司或机构来帮忙。不过对于大多网店经营者来说，请这样的公司一般价格不菲，所以开网店的朋友们可以自己采取一些简单的方法进行调查。不论运用何种调查方式，一定要在了解商品的市场情况之后再进行经营，这样才能为自己的网店打下好的基础。

（2）借助免费数据分享平台。淘宝指数是淘宝官方的免费数据分享平台，从那里可以了解到淘宝购物数据，了解淘宝购物趋势及具体商品的搜索热度等。只有借助这些免费的数据分享平台，网店经营者才能够准确地分析出自己想要经营的商品的盈利能力。

（3）综合所有的条件做出选择。开网店关于卖什么最赚钱这个问题，只有通过综合分析之后，才能选择出最适合自己的商品，也只有一直持续做下去才能成为最赚钱的网店。因此，网店经营者在确定了商品之后，一定要做进货之前的准备。

在进货之前，经营者要做具体的规划和安排，包括商品种类、各类商品的数量、商品的档次，对于这几点都要做一个非常细致的计算，切记不可没有目的和目标、没有数量和高中低档之分而一把抓地进货，这样只会浪费自己有限的资金，不会产生任何好的效果。

同时，经营者在进货的计划中还要考虑到季节和流行趋势，不可盲目根据自己个人的喜好无节制发挥。进货的时候一定要做到多总结、多调查、多了解需求趋势。要注意自己店铺的风格：走什么路线，消费群体的定位，整体的商品风格要保持一致，切忌在进货中迷失了方向。

要知道，开网店不但是一门生意，也算是一门事业，只要是事业就得有长期经营下去的决心。如果三天打鱼两天晒网，那还是早早放弃为好，不然只会是无谓地消耗自己的资金罢了。所以，建议新手朋友在开网店期间，不要以追求热销商品为目的，一味地以热销为目标去经营网店。每一样商品都有其价值所在，网店经营者要结合市场的需求，做好分析调查，从需求出发，持续渐进，忌太急躁，慢慢努力去做，网店才有可能越做越好。同时也要有一份坚忍不拔、努力拼搏的拼劲，只有这样，才有可能不断收益，从微小的收益到大的收益。所有的东西都是从小到大的，不要因为一时的亏本就放弃自己的网店，只要做好市场分析，紧跟市场脚步，想不盈利都难。

三、找出优质货源的途径和策略

优质的货源通常是商品质量和价格的保障，能够直接决定网店经营者未来的收入。只要找到能够引爆销量的优质货源，就能够让网店的收入顺势而上。那么，如何去寻找既优质又适合网店销售的货源呢？下面就列举几种网店经营者常用的寻找货源的方法：

（一）代销

所谓代销，就是指某些提供网上批发服务的网站或者能提供批发货源的销售商，他们与想做网店代销的人达成一定协议，为其提供商品图片等数据，而并非实物，并以代销价格提供给网店代销人销售。

通常情况下，网店代销人将批发网站所提供的商品图片等数据放在自己的店铺上进行销售。一旦有了订单，网店代销人会通知批发网站为买家发货。也就是说，售出的商品只从批发网站处发出并直接抵达买家所提供的地址。在这个过程中，网店代销人是看不见所售出的商品的。此外，网店代销的售后服务也由批发网站行使。

很多网店经营者都会选择代销这种方法，通过代理别人的商品从中赚取差价。但是，在选择代销商的时候也要谨慎，因为有很多专门骗钱的代销网站。我们可以通过几个方面来判别：

（1）观察代销网站制作是否专业。决定一个网站好坏的首要条件通常包括网页的设计、布局、排版，商品图片是否粗制滥造以及页面图片的精美程度。那些相对有实力的商家通常都不会节省网站设计费用。因此，当网店经营者看到那些“偷工减料”的代销网站时，就有必要考虑其是否为骗子网站。

（2）观察代销网站管理是否专业。代销网站的管理通常包括网站代销的条款制度是否合理、客服的专业程度、响应回复速度以及各方面需要考虑的问题是否都有解决方案等。然后是看代销网站所销售的商品是否过于杂乱。一般情况下，专业代销商会有选择性地销售商品，而不是什么商品都卖。此外，网店经营者还要注意对方公司属于哪个城市，发货地址和公司所在地是否一致等，通常而言大城市的可信度要相对高一些。

（3）可以先进一点货来进行验证。除了上述说的那些判别方法，网店经营者还可以站在买家的角度去体验对方的服务。例如，可以先进一些货来考察对方包括物流速度、商品质量、售后服务在内的各方面的情况。

（二）分销

分销服务是淘宝最新推出的一个联系厂家和普通卖家的一个工具。通过淘宝强大的技术支持和整合优势，可以把商品供应商和商品分销商（也就是普通的网店经营者）有效地结合起来，从而能够大大提高工作效率。分销服务既能解决普通网店经营者找不到优质货源的问题，又能解决供应商扩大销售规模的问题，实属一举两得。

在西方经济学中，所谓分销是指建立销售渠道。也就是指商品通过一定渠道销售给消费者。从这个角度出发，我们可以将任何一种销售方式称为分销。也就是说，分销是商品由生产地点向销售地点运动的过程，商品必须通过某种分销方式才能最终到达消费者手中。

相对代销而言，网店分销拥有投资少、风险低等优势。通过分销，网店经营者可以代理到品质有保证且选择面较广的品牌商品。而分销的劣势在于此服务是刚推出的，所以还存在很多不足，包括退换货、支付延迟、操作复杂和技术支持等。这些问题需要分销服务商不断完善才能得到解决。很显然，分销模式终究会成为网上开店创业的一个新型模式。

（三）通过批发网站进货

随着互联网的不断发展，越来越多的人选择通过网络进货而进行商品销售。然而，网上进货也存在诸多风险，缺乏一定的质量保障，很难鉴别真伪，尤其对于那些第一次进货的新手来说，更容易上当受骗。

例如，有些骗子网站会打着低价批发某商品的旗号，让网店经营者先预付一部分定金。一般而言，批发商品的货物量会比较大，所以如果遇到骗子网站，一般都会被骗走几万元甚至几十万元的货款。对于网络犯罪，法律法规方面还有待完善，通常情况下，金额较小很难立案。所以，只有网店经营者自己谨慎小心，才能尽可能地避免上当受骗的情况出现。在进货过程中，网店经营者一定要以自己的利益为前提，万不可放松警惕，永远不要在未查验货品前付款。

（四）批发市场进货线下的进货渠道

几乎在每个城市中都会存在一些相对较大的小商品批发市场。那里的商品价格比较便宜并且交通方便，所以通常都会吸引很多进货的网店经营者。因"城"而异，每个城市的状况都不一样，所以网店经营者要在进货之前把握好沟通谈判的技巧，做好预算，不打无准备之仗，尽可能地降低进货成本。

(五) 其他方式

以上四种进货途径目前在淘宝中可谓相对普遍。而除了这四种方法外，网店经营者还可以选择一些其他方式去寻找货源。

例如，有些人因为各种原因可以与一些厂家建立联系，可以直接和它们沟通谈价，进行小额商品的批发。

又如，可以销售一些自己制作的特色商品或者祖传秘方等。曾经有人在家自己制作各种新奇形状的植物肥皂，然后将其搬上了自己的网店，生意异常红火。还有一些人在淘宝销售自己家里祖传的治疗肩周炎或者其他病痛的药膏，也有相当不错的销量。

此外，还有很多人在网上开店，主要销售一些闲置在家的二手物品，如因为尺寸不符而搁置的新商品，价格低廉，也十分有市场。

总之，在寻找货源的时候，网店经营者一定要找到适合自己的渠道。应仔细认真地去了解市场以及各种进货途径，找到应对策略，谨慎小心地做出最终决定。在找出优质货源的途径和策略的同时要以确保自身利益为根本出发点，稳打稳扎地走好每一步。

四、商品质量决定店铺能否长久

网店经营者在找寻到优质的货源之后，一定要确定商品的质量是否优质，因为商品的质量决定了网店能否长久地经营，为此，店家在综合自身财力状况之后，在寻找货源的时候确保货源的质量。要知道，商品的属性是商品最大的卖点，也是网店经营者引爆销量的根本。因此，网店经营者在开店之前，一定要选择出最适合的商品和最热门的商品经营。

（一）选择适合的商品

在网上开店，首先要选择适合个人经营并且可以通过网络销售的商品，要知道，并不是所有的商品都能够在网上进行销售的，而且所有能销售的商品也并不是都能够获取盈利的。因此，想要拥有一家盈利的网店，需要网店经营者选择的商品具备以下几个条件：

（1）具备高附加值。也就是说选择出售的商品，其价值要是低于运费的单件商品，则不适合在网上进行销售，因为买家网上购物所节省的费用还不足以支付运费，所以也就不能引起买家的兴趣，商品销售业绩也就上不去，网店没有了盈利。因此，选择的商品一定要具备高附加值，要能够让买家觉得自己从网上购得的这份商品加上运费也比在实体店中购买的便宜，只有这样，才能留住买家，网店才能盈利，才能一直长久地做下去。

（2）具备合理的价格。如果网上出售的商品可以在实体店用相同的价格买到，那么买家不会再到网店中进行购买。试想，当我们在走路的途中就能够买下的东西，谁还会花相同的价钱在网上购买呢？毕竟在网上还要加运费的。因此，网店经营者所选择的商品一定要具备合理的价格，要让买家觉得商品既经济又实惠，这样的话，网店才能一直经营下去。

（3）具备独特性或时尚性。不管在任何时候、任何地点，特色店铺都是非常受欢迎的，如果网店经营者能寻找到时尚又独具特色的商品，如定制饰品、玩具 DIY、定做服饰等，就能够为网店的盈利打下一半的基础。

（4）能够激起买家的购买欲。要让自己网店上商品的浏览页面具有非常大的吸引力，能够让买家看到的时候，瞬间激起其购买欲。假如网店中经营的商品必须要亲自见到才可以达到购买所需要的信任，那么这类商品就不适合在网上开店销售。

（5）要具备体积小的优点。商品体积小会方便运输，并且能够降低运输的成本。因为体积较大或较重的商品运输时费用较高，这无疑会降低买家的购买欲望。因此，网店经营者在选择商品的时候，在条件允许的情况下最好选择体积小的商品，以便于网店的经营。

（6）要具备独有性。也就是说，网店经营者所要选择的商品一定是在网下没有或者不方便购买的。比如需要外贸下订单的商品或者直接从国外带回来的商品。这样的话，买家就只能在自己的店里购买，带动了网店的销量。

（二）选择热门商品

网店经营者在选择适合的商品的时候，如果条件允许，最好选择当下最热门的商品，根据网店销售最热门的排行选择商品，想不盈利都难。

（三）不要涉足不擅长的领域

网店经营者在选择自己所要经营的商品时，一定要考虑到自己的兴趣和能力，尽量避免涉足一些自己不熟悉和不擅长的领域。如果轻易涉足，在懵懂不知的情况之下，很可能会走错路，从而导致网店亏本。这是所有的网店经营者都不想看到的情况，所以在选择商品的时候一定要谨慎。

（四）依据自己的实际情况

一般而言，商品的价值越高，利润的空间也就相对越高，但资金投入也会非常大。对于既没有销售经验又缺少原始资金的创业一族来说，会造成负担过大，非常不利于网店的经营。因此，网店经营者要依据自己的实际情况挑选适合的商品，不要一味地求高，导致自己的压力过大，从而经营不善。

当然，如果网店经营者已经拥有了稳定可靠且物美价廉的货源，那么就不要再犹豫了，就去做这个商品吧。

五、货源谈判及防骗技巧

现代社会，随着电脑及网络的普及，网店平台迅速发展，网上购物已形成了一定的规模。但是网络毕竟是虚拟的，面对网上品种繁多、便宜的商品，以及形形色色的购物网站，网店经营者在网上寻找货源的时候，如何进行谈判，才能保证自己的利益最高而损失降到最低。这就需要网店经营者懂得一定的货源谈判技巧。

（1）货源谈判前做好充分的准备。俗话说：知己知彼，才能百战百胜。成功的谈判最重要的是要有充分的准备。网店经营者在采购商品的时候，要做好充足的准备，也就是要对市场及价格进行了解，对供需状况进行了解，对自己所能接受的价格底线、目标、上限都必须事先做好准备，并列出优先顺序，将重点简短列在纸上，在进行货源谈判时随时参考，以提醒自己。

（2）要避免谈判破裂。网店经营者在与供应商进行货源谈判的时候，在尽量压低价格的同时，也要避免谈判破裂局面的出现，如果一味地压低价格造成谈判破裂，那就得不偿失了。

（3）懂得以退为进的谈判技巧。在货源谈判中，网店经营者要懂得适时地以退为进，让供应商自己讲出降价这件事情，从而降低进货的资金。

在进行货源找寻的时候，网店经营者很多的时候会遭遇到骗局，怎么才能避免受骗呢？这就需要网店经营者懂得一些防骗技巧：

（1）查看个人经营资质。在找寻货源的过程当中，如果确定要在这家店进货，网店经营者首先要看其是否具有正规注册的经营的资格，是否具有公布资质证书和注册号。这些在很多省、市的工商局网站能查询到。如果没有这些公布注册资料，那么这家店肯定有问题，应放弃与其交易，以防上当受骗。

同时还要查询这家店是否有不良记录、是否是一家正规经营的店，这些在互联网上应该能搜索到。在与其相关的信息中，包括介绍、新闻、注册等信息，也包括被查处、被投诉的信息。从中找寻店家的经营情况，是否正规、是否拥有不良记录。如果有，与其交易的时候就要谨慎，以防被骗。

（2）查看是否是陷阱。在进行货源的找寻中，网店经营者要做到不受利益的诱惑，因为诱惑永远是受骗的开始。要知道，合理的利润是生存的基础，如果报价低于普通报价一大截，甚至半价，这个时候网店经营者就要提高警惕了，这种情况很可能是陷阱。就算是海关扣留品、水货、清仓品等，都不可能有如此低的价格。不过，也不能一竿子打翻一船人，有的时候店铺做促销，有可能会有一两个低价的商品，但是，如果全部是低价，则一定就是陷阱。

（3）查看最近成交发货记录。只要一家店是正常运营的，那么其就一定拥有快递或者邮政发货单号，网店经营者在与其进行货源谈判的时候可以要求其提供最近的几个买家的快递号或者 EMS，根据此号码，可在网上查询是否有成功发送的记录。只有确定了这些，才能确定这次货源谈判是否是骗局。

（4）咨询能否提供货到付款的服务。货到付款是骗子的要害七寸。网店经营者在目前的情况之下，不要奢求中国电子商务都能提供全国地区货到付款，但该所在城市或区域，应该都能提供货到付款的服务。货到付款服务是证明该店实力的有力证据，如果这点都办不到，网店经营者就不要冒险了，这个时候可以考虑去别的地方找寻货源了。

（5）查看是否告知商品真伪、水货行货的识别方法。因为骗子自己常常是采用调换重要配件、以假乱真、以次充好、混淆行货水货的伎俩进行获利，所以绝不会清楚告诉网店经营者识别的方法。例如：一家店有索尼数码相机价格特别低廉的、低于进价。经查：原配电池 300 多元，而如果改换假索尼电池，只需几十元成本！这就是赤裸裸的骗局。网店经营者为了谨防上当受骗，面对这种情况一定要多听、多看，不要轻易地下决定。

实践是检验真理的唯一标准。经过上面几点判断都没有问题，但是网店经营者自己觉得还是有点担心，也可以从该商品在销售、质量、发货、服务等方面进行更多的了解，要知道信誉是长期的诚信积累。但骗子只是“钓大鱼”的，没时间来理睬你的“小单”。

盈利策略 2　选择大品牌，让销售事半功倍

一、好商品要精挑细选

要想开好网店，除了及时了解市场的动向以外，在确定了自己的商品经营范围之后，网店经营者还要解决好货源的问题，寻找物美价廉、拥有市场竞争力的货源，精挑细选出好商品。当然，网店经营者也可以根据自己寻找到的新货源改变网店的经营内容，只要有办法处理自己的库存问题，随时都可以改变网店经营的方向。毕竟网店的经营内容的操作非常之简单，不像实体店铺那样烦琐。

网店经营者在挑好供货商之后，要与供货商保持非常稳定的合作关系，让自己网店的销售和售后服务得到有效的保证，从而为自己的网店找到一个新的利润点。那么，如何做才能精挑细选出好商品呢？

（一）挑选冷门商品

俗话说：物以稀为贵。说白了，也就是只要别的地方都买不到，那么你的店铺的商品也就不愁销量了。因此，网店经营者在选择商品的时候一定不能选择那些到处都能买到的商品，试想一下，既然到处都能买到，买家为什么还要来你的店铺呢？而且网上购物还需要加上邮寄费，这么一算，肯定比实体店购买要贵了。当然，也不能一竿子打翻一船人，即便是到处都能买得

到的商品，在网店上也是能卖出去的，只要价钱够低。但这又牵扯出来一个问题，那就是赚不到钱。因为价钱定得低，利润就会相应地减少。所以，网店经营者在选择商品的时候最好是选择那些少见的商品，既然是少见的，别的地方都见不到的，那么自然有人会舍得花大价钱购买商品了。其实这就是一种差异化的竞争策略，利用的是买家的心理。

（二）利用地区差异挑选商品

其实网店经营者在选择商品的时候，完全可以利用地区价格差异。在现代社会中，许多商品在不同的地区，价格相差非常之大，比如说电器类，广东等沿海城市比内陆便宜许多；而各个地方的特产在别的城市会比当地要贵。所以各位准备开店的店主们要学会从自己的身边着眼，找找自己身边盛产而其他地方没有的商品。只有挑选出这样的商品，才能保证自己的网店能够盈利，也就是成本领先策略。

（三）挑选自己擅长的商品

网店经营者在挑选网店所要经营商品的时候，尽量不要涉足自己不熟悉的领域，因为不熟悉就不容易操作，而且在进货的时候也会因为不熟悉而容易被人蒙骗。因此在挑选商品的时候，网店经营者在别的条件都允许的基础上，最好还是挑选自己擅长的商品去经营。

当然，这不是说一定不能涉足自己不擅长的领域。如果你比较热爱某一种产品，像是热爱手绘，或是热爱摄影。其实这些都可以作为网店经营者挑选商品的条件。热爱手绘不妨在网上开个相关的 DIY 店铺；热爱摄影，不妨尝试着开一家数码类商品的店铺，要知道特色店铺到哪里都是非常受欢迎的。只要网店经营者用心去经营，时间长了，口碑效应就会慢慢出现，这个时候，很多的买家一想到这方面的购物，首先想到的就是你的店铺了。

网店经营者在挑选自己的网店商品时，最好能够挑选自己所擅长的，当然也可以挑选自己所热爱的，能够做到不管在任何时候，都能全心全意去经营自己的店铺，淋漓尽致地发挥自己的特长或者是热爱的方向，不要拿自己的短处去拼别人的长处，这也就是相对创新的策略。

总之一句话，想要拥有能够给店铺带来盈利的好商品，需要网店经营者在选择商品的时候能够做到精挑细选，精益求精，只有这样，才能保证选出好的商品，从而让网店客户临门，生意兴隆。

二、好商品不如好品牌

在经营网店的过程中，每一位经营者都应该以创建属于自己的品牌为目标，不断地提升工作效率，追求更多的收益，因为好商品不如好品牌。以下是一些创新方法，能不断完善网店运作，创立网店品牌。

（一）注重服务细节，当网店运营扩大时应及时招聘专业客服

不少网店中都只有店长一个人在打理，进货、上架、发货，还要与那些潜在客户进行沟通，等等。其实经营网店也就等于运营一家公司。正所谓麻雀虽小，五脏俱全，小网店也需要完备的团队。一个人再全才，也很难长期坚持。什么事情都自己干，显然是不现实的，特别是当网店生意逐渐好起来时，网店商品种类增加以及更新换代速度提升时，自然就需要专职人员来做营销、客服等。

所以，在网店开始运营阶段，由于处于起步期，生意不会一夜之间很火，经营者应该集中精力去做营销，然后再做好客服。当自己觉得网店生意有了起色之后，网店经营者可以请一些专职和兼职人员一同打理网店，虽然最终所得利润会少一些，但是已经为将来的品牌网店打下基础。

此时经营者要做的就是把自己一部分精力放在对客服人员和营销人员的培训上。通过对兼职或者专职人员相关岗位的培训，让他们掌握自己岗位必须要了解的细节，这样才能够进一步提升网店利润的空间。网店经营者可以采取培训结合激励的政策，使自己和专职或兼职人员实现利润共享。

（二）找准网店定位，挖掘自身优势

网店定位很重要，它往往决定网店经营者工作的繁忙程度，甚至决定网店的最终命运。很多网店经营者在运营网店之前没有做详细的市场调研，也没有对自己的优势进行充分的挖掘，这很容易导致其陷入两大误区：什么产品赚钱就卖什么产品；什么商品都卖，把小网店变成“大商城”。这两种经营方式无疑是经营网店的两个极端。

为了避免陷入以上两种误区，网店经营者应当不断地挖掘自身优势，找准行业细分的产品进行销售，从而寻求突破，万不可盲从。不能看什么产品好卖就卖什么，现在很多好卖的产品其竞争力是相当惨烈的。

（三）营销自己网店的品牌

小网店虽然不能做成“大商城”，但却可以做成大品牌，皇冠店、五星级皇冠就是大品牌的特质。但是，如何做到这一点呢？

这就要求网店经营者在运营网店的时候，较多地去关注细节。例如网店的本身设计。不少网店经营者为了节省开支，自己随便设计，这种思想和做法其实存在着一定的纰漏，也是相当不正确的。应该选择专业的设计人员装修自己的网店，纵使费用相对高一些，但是却能够给网店经营者节省大量的时间。正所谓“做你擅长的事情，将不擅长的事情外包给擅长的人来做”，只有这样才能够集中优势，发挥特长。

（四）统一网店的 LOGO

网店 LOGO 以及标准广告词汇的统一通常会给人一种很正式的感觉。就像李宁运动品牌的广告语“一切皆有可能”已经深入人心，一提及此广告语，消费者就会联想到李宁品牌，这就是很好的典范。再例如特步运动品牌“非一般的感觉”、361 度运动品牌的“多一度热爱”……一个让人眼前一亮的广告语通常会让经营者的网店品牌度大增。

此外，在发货的时候，网店经营者还可以随货物赠送一份精美的宣传

册，以展现自己的网店形象。通常情况下，这一举动可以有效地提升店铺的档次，也可以为店铺带来很多回头客，而回头客多了，网店的级别自然就会上升得很快。

任何一家网店都得由小做起，网店经营者在开始经营的时候应该有做大品牌的雄心。当然，也要结合实际以及店铺情况进行相应的创新和调整，脚踏实地、持之以恒永远是成功的不二法门。

三、选择胜过千万倍的努力

在经营网店的过程中，慢慢地网店经营者们就会发现，在很多的时候，选择其实胜过了千万倍的努力。当有的网店经营者还在为能够吸引一个买家的好评而庆幸的时候，有的网店经营者却能够坐等收钱了，这是为什么呢？很简单，他们选择了能够吸引到买家眼球的商品，这说明商品的选择是多么的重要。

那么，怎么才能选择出让买家动心的商品呢？

（一）跟随潮流选商品

在生活中，其实有很大一部分人都非常喜欢追求时尚的产品，像吃的、穿的、用的等，他们都喜欢时尚的商品。众所周知，时尚产品是在没有普及化之前率先由特定人群购买、使用的，他们使用之后才成为广大人群所仿效而争抢的各种热销商品。

这一类的商品说好做也好做，只要网店经营者能够时刻跟随潮流，一般不会出现什么大问题。说难做也很难做，因为做这一类市场特别需要网店经营者有一定的预见性，不仅要多了解外部的信息，同时也要熟悉这类产品的生命周期。毕竟潮流商品都只是一个季度的，时间一过也就过时了，过时的商品就没有人或是很少人购买了。如果网店的店主一时都没完全掌握住潮流的趋势而大肆进货，很可能导致商品过期之后，再也无法售出去造成大量的损失，店铺随时会关门大吉。

因此，网店经营者要选择经营潮流商品，就一定要时刻把握住流行的趋势，比如说如果想在国内卖时尚的商品，那么，首先一定要先获取国外的时尚信息，到时尚商品比较发达的国家去获取信息，就能紧随时尚、卖得早、卖得恰是时候，网店获取的利润才高。有的人往往因为早几天了解，让自己几天就暴富了。但是就算已经暴富了，网店经营者也不能放松，要时刻关注各方面的信息，如果发现自己店铺中所出售的商品周期要到了，应尽快出手囤积的货物，再去获取更新的信息，寻找新的商品。

只有这样，才能保证网店中所出售的商品永远都处在潮流的前端。对于网店经营者来说，掌握不同商品的生命周期非常重要，只有掌握了这些，自己所经营的店铺才具有很高的出货能力。不过，网店经营者还是要切记一点：时尚商品是一个高风险高回报的生意，非常需要有经验分析能力，并且判断能力高、胆子很大的人来经营。因此，建议新手不要轻易尝试这类产品。一旦做不好，随时都能导致店铺关门。

（二）选择日常经常用到的商品

网店经营者要想经营日用品的话，应需要遵循市场规律。关于日用品这一类的商品的运作方式其实很类似于实体店了，其运作特点非常相似。因此，网店经营者如果选择日用品作为店铺的商品时，需要先分析一下日用品本身所具备的特点。很多时候，购买日用品的买家多数都是女性，因此网店经营者在确定自己网店所面向的受众的时候，要抓住女人、家庭主妇的心理特点去卖自己的商品。

实践证明，对于这些女性来说，很多的时候价格最为关键，尤其是家庭女性在购买日用品这类商品的时候，永远希望自己买到的是价格最便宜的！因此，网店经营者如果经营日用品这一类的商品，就会像实体的日用店一样，需要天天去拉很多货、频繁地接待买家、管理仓库、商品分类上架等，尽管很累但是赚不到什么钱。如果想要利润高，就需要网店经营者卖更多的商品品种和提高网店销售量，也就需要大量的时间去装修自己的店铺和商品。因此，如果网店经营者不是全职做店铺的话，最好不要选择日用品这一类的商品经营，因为没有大量的时间去经营的话，盈利的概率会很低。

（三）选择能够带来高价暴利的专业商品

网店经营者如果想要自己所经营的店铺能够获取很高的利润，则就不能像一般的店铺一样经营普通的商品，因为目前中国的网上购物群体多数还是消费能力比较低的人群，因此，网店的定位是非常的低廉，这样的话就能够让很大一部分人具有了购买的能力。但是这并不能表明那些高价和高品质的商品就一定没有市场。毕竟还是有一部分人是属于高收入的人员，他们也是想要购买一些高价的专业商品，像是古董、名书画、珠宝等这一类的商品。这类商品最大的特点就是价格高、品质高、具有投资价值。因此，这类商品在网络营销市场的需求量也不小。

就目前中国的现况来看，像这类高价暴利的专业商品，其市场特点表现在买家少和专业性强。因此，网店经营者要想经营此类的商品，那么就一定要非常注重网店的宣传推广，并且要主抓生活中被称为“圈内人”的人群。比如说，如果是经营名人字画的网店，那么面向的人群是那些专门收藏名人书画作品的人，这类的人群通常都会有自己的一个朋友圈子，他们都是收藏的专业人士，精通他们所收藏的东西。所以说，如果网店经营者想要在这方面做好，则要求网店经营者也必须是这方面的专家。也就是说，如果想要经营一家高价暴利的专业商品的网店，那么网店经营者就必须是专业商品方面的专业人员，只有这样，才能保证网店的经营过程中不会出现差错，也更容易赚取高额的利润。

通过上述的几种选择方式，网店经营者可以明确一点，那就是选择出好的商品胜过在经营网店的过程中千万倍的努力。只要选择出好的商品，网店盈利就不是个遥远的梦想了。

四、定位准确才能抢占先机

品牌，它会带给消费者一种店铺很专业且有持续发展可能的印象。一家网店有了自己的品牌之后，推广的范围将不再局限于个人或产品以及品牌的推广，这也是网店经营者不断壮大自己店铺的必经之路。

随着买家群体和业务量的迅速增长，店铺的知名度在逐渐扩大。这些都促使不少网店经营者下决心创立属于自己的销售品牌。

品牌是一种无形资产，当网店经营者拥有了自己的品牌，就可以对销售的商品进行统一的包装，给买家统一、规范的感觉，其次还能对品牌推广起到一定的促进作用。在定制包装方面，普通商品包装和品牌包装同样需要成本，但如果是网店经营者为自己的品牌进行宣传的话，那么这种包装成本是一种能够收回的成本，称为资本投入。

每一种品牌都有自己的市场定位，如果网店经营者懂得在品牌定位的环节就抢占先机，则可以先人一步地打开市场，获取消费人群的认可。例如，国美电器的品牌定位在低价，则必定有低成本的运营做保障；海尔电器的品牌定位在服务，就一定是把服务落实到每一个细节。买家通过品牌定位对网店经营者的店铺进行解读，所以说品牌定位是品牌建设的指导思想，只有准确地定位才能有抢占先机，为品牌做宣传的机会。

当网店经营者开始具有自己的销售品牌，并且开始大力在推广它时，经营者其实就已经开始具备“正规军”的雏形。如果网店经营者能将这些品牌建设工作做到别人前面，那就能够先人一步为自己创造一种无形资产。那么，何时进行品牌建设才算是抢占先机？

（1）有一定经验基础。在建设品牌之前，网店经营者一定要具备相应的经验。因为缺乏一定的经验往往会导致网店经营者陷入一些误区，那样就会事倍功半，甚至得不偿失。

（2）不再满足进货和销售。当网店经营者不再满足于进货和销售的时候，则到了创建自己销售品牌的时候。那些普通网店经营者一直在厂家、批发市场和买家之间忙碌，没有确切的目标，没有清晰的方向。而一旦建设了属于自己的品牌，网店经营者就会有一个专属于自己的销售形象和一个全新的推广对象。

（3）拥有准确的品牌定位。在做品牌定位之前，网店经营者应该思考自己的产品要面向哪些群体。这一点至关重要，它往往关系到品牌的成败。它就像是一个好的开始，只要开始的方向找准了，接下来的品牌推广就会顺利得多。

（4）充分了解消费市场。在做品牌定位之前就需要充分了解消费市场。有了准确的品牌定位后，对消费市场也不能松懈，因为这关系到后面的品牌推广，而无论是在哪个环节，网店经营者都不能忽视对消费市场的关注，这也是品牌建设抢占先机的必要条件。

总之，在进行品牌建设的时候，网店经营者一定要注重大前提、大环境，虽然先发制人通常会有更大的成功概率，但是网店经营者切勿急功近利，因为那样往往会使自己陷入进退两难的困境中。

早起的鸟儿有虫吃，这句话用在网店品牌建设上也十分适用。品牌建设需要抢占先机，在这个竞争越来越激烈的网络大潮中，只有“先下手”才能找到适合自己的品牌。

五、迅速提升销量的N个手法

在选择或者是创建了品牌之后，网店经营者要把重心放在提高店铺的销售上。本书介绍几种能够迅速提升销量的方法：

（一）合理利用“淘宝客”

网店经营者提高销量的第一步，就是要用“淘宝客”来带动店里商品的销量，做“淘宝客”对网店经营者来说没什么亏本的，成单了大家一起赚，没成单也没什么损失。而且在利用“淘宝客”来为店铺商品做宣传的初期，网店经营者不能只想着自己能赚到多少钱，要想的是怎么才能提升店铺的销量和信誉。只要网店的销量上去了，那么网店的排名自然会靠前，这也意味着网店能够被买家搜到的概率大了很多。

再者网店经营者要多给“淘宝客”一些佣金，只有在加大“淘宝客”佣金之后，他们才会更加卖力地推销你店铺中的商品。长此以往，就能够为自己的店铺带来销量，订单率一路飙升。

（二）巧妙设置关键词

在网店的经营过程中，网店能不能盈利，商品标题中的关键词具有非常重要的作用。因此，网店经营者要想迅速地提高自己店铺的销量，必须谨慎而巧妙地设置关键词。关键词对于大卖家来说全部设成热词才好，但对于小卖家而言就不是这样的情况了，小卖家的关键词如果全都设置成热词，那么就与大卖家重复了，就可能出现，在买家搜索的时候自己的店铺排名特别的靠后，也收获不到流量，没有流量更不要提什么销量了。因此，小卖家在设置关键词的时候，可以适当设置两三个热词，剩下的都设置成冷词，与其与大卖家一起被买家遗忘，不如在冷词的设置之下被买家搜到。

（三）橱窗推荐和商品推荐不能少

相信很多的网店经营者都看到了，当店铺中的商品越接近下架的时候就越会被系统默认放在前面。所以网店经营者也要学会这一点，因为越是快要下架的商品，越能够吸引到买家的关注，因为买家通常都会产生“再不买就再也得不到”的心理。在这种心理的推动之下，买家很容易冲动购物，这在一定程度上提高了店铺的订单率。

但是，网店经营者也要切记：尽量把推荐位留给要下架的商品。但不要排在第一位。因为买家都有货比三家的心理，第一位有的时候会适得其反，因此，不要急功近利，应慢慢吸引买家，让买家觉得在这家店铺买到的商品绝对是物美价廉，物超所值了，那么再次购物的时候就会想到它，为店铺赢得了回头客。

在橱窗推荐之后，网店经营者也不要忘了商品推荐，每一家的网店都会有商品的推荐位。当买家在看到店铺中有关于某一个商品的描述时，或多或少都会注意到店铺中的商品推荐。因此，网店经营者完全可以把自己店铺当中性价比高的、独特的商品放上去，以便于更进一步地吸引买家进入到店铺当中，为以后的顺利交易打下基础。

（四）想方设法提高浏览量

网店经营者要想快速地提高自己店铺的销量，可以通过提高店铺的浏览量达到目的。也就是说，除了利用推广工具，也可以通过设置聊天工具的自动回复来吸引买家，自动回复的内容设置为简短地介绍一些自己新上架的商品的特色，以吸引买家来店里参观。还可以把状态设置为滚动式，这样在与买家聊天的时候，无形中也在宣传自己的店铺。只有想方设法提高店铺的浏览量，才能保证网店的销量迅速提升。

（五）优化自己店铺的搜索引擎

为了让更多的买家来到自己的店铺中，网店经营者应在百度、一搜、雅虎等知名的搜索网站注册自己的店铺，让更多的人注意到自己的店铺。因为在淘宝中通过搜索引擎吸引买家，已经不能吸引到全部买家。为此网店经营者应让自己的店铺有尽可能多的机会出现在买家搜索的目录里，而且排名越前越好。只有分析搜索引擎的规律，网店经营者才会明确如何做才能提高买家搜索到自己小铺的概率。

说到搜索引擎，最重要的就是关键词的设置和排序的变化，在自己所经营的商品标题关键词的设置过程中，网店经营者要在其中多添加买家搜索频率高的关键词，切记不是违反的词，要在不违反相关规定的前提下设置。同时也要一直关注排序的变化，也就是我们之前所说的橱窗推荐。在确定了商品的排序之后，网店经营者最好确保自己店铺里所出售的商品至少有一款是 1 元的，很多买家都喜欢按价格从低到高排列的，这样 1 元钱的东西就排到了最前面，便于买家发现并进入自己的店铺，增加店铺的流量。同时为了能够让淘宝外的买家被吸引到自己的店铺当中，需要网店经营者去各大搜索引擎网站中注册和登录，只有这样，才能保证各大搜索引擎网站收录自己的网店，在很大程度上提高网店的流量，也就能够增加网店的订单率。

（六）设置店铺的优惠信息区和展示买家的评价

除了以上几种方法，网店经营者也可以到支付宝社区的优惠信息区发布自己的商品，在发布商品的时候要有描述介绍、图片和支付宝按钮。当然，发布之前还要多注意优惠信息区版规，只有在规定之内发布商品才不会出现任何的差错。

同时，为了能够尽快地提升店铺的销量，网店经营者完全可以在商品的表述内容中间，放上之前买家收货之后的评价，以此打消买家心底的犹豫，促使交易顺利达成。当然，网店经营者在给他人店铺的商品评价的时候，也可以给自己的店铺做个宣传。比方说：当商品到手之后，给予商品好评，并附上自己的话语，先简单地夸“买家是个好买家”或者“希望下次有合作的机会”等这样的话，之后就在后面加上几句“小店新到某某某，有空大家来看看”、“最近小店有很不错的优惠活动，欢迎大家光临啊！”之类的话语，这样当买家在买这个店铺的商品的时候，就会留意到信息，从而来到自己的店铺当中。当然，也可以利用朋友的身份证在淘宝多注册几个账号，作为自己店的分店，同时链接回主店，从而达到增加浏览量的目的。但是网店经营者要切记，这些店铺不能经营相同的商品，否则会被处罚的，店铺想要再经营好就不容易了。

（七）广告位的选择和应用各种宣传方式

通过各种方法获取到银币，以便于网店经营者能够给自己的店铺买到广告位。那么方法都有哪些呢？这需要网店经营者不间断地在论坛中发布原创好帖，让帖子成为买家购物指南，这样做下去就会有银币的奖励。同时，还需要参加社区各个分坛组织的各类活动；写购物指南；发布活动帖等，以便于获取大量的银币来选择广告位。广告位主要有三种：社区首页图片推荐位；论坛左边文字推荐位；站内信推荐位。得到这些广告位，能够更快速地提高自己店铺的销量。

网店经营者也不要忘了运用各种宣传方式来宣传自己的店铺，可以通过亲戚朋友的宣传；利用 QQ 群、UC 来宣传；自助建站的网站来宣传；口碑相传；等等。

当然，网店销量提升还有很多的手法，在这儿就不详细地叙述了。以上所说的是用得比较多的，只要网店经营者能够做好以上几点，就能够快速提升店铺商品的销量了。

六、商品选得好，利润空间才能高

经营网店，精准的经营定位很重要，但定位后选对商品更是决定店铺能否盈利的关键。因此，网店经营者在选择商品时，要考虑到该商品是否适合自己的店铺定位，以及是否适合网络销售。只有商品选得好，利润空间才高。

（一）适合网店销售的商品具备的条件

（1）价格适中。所选的商品价格都不能过高，通常情况下，商品的价格最好控制在 300 元以内。但是也要避免全部都是几元或者十几元的商品，因为如果那样的话会给人一种地摊的感觉，并且利润也并不可观。

（2）体积较小。这类商品最大的优点是运输方便，并且能够降低运输的风险。此外，因为体积较大或较重的商品，在运输的时候费用会比较高，所以物流费用的增加无疑会降低买家的购买欲望。

（3）竞争较小。随着网络的快速发展，网上销售的商品越来越丰富，这使商品同质化现象越发严重。那些竞争相对比较激烈的商品会让网店经营者很难“战胜”那些信誉颇高的店铺，同时商品利润也会相对地压低，收益也会因此缩减。所以在选择商品的时候，网店经营者要关注其竞争激烈的程度。

（4）附加值较高。价值低于运费的单件商品是不适合在网上销售的，因为买家在网上购物所节省的费用不足以支付运费。

（5）具备独特性或时尚性。特色店铺不管是在哪里都是比较受欢迎的。所以如果能够找到既时尚又独具特色的商品，如 DIY 玩具、定制饰品、定做服饰等，都是网店经营的极佳选择。

（6）可以激起浏览者购买欲。如果商品必须要亲自见到才能达到购买所需要的信任，那就不适合将这种商品放在网店里销售。

（7）网下没有或者不方便购买。这些商品通常都需要外贸下订单，或者直接从国外带回来。一般来说，这类商品的款式都比较新颖，比较受大众喜欢。

（二）在选择与销售商品的过程中需要注意的事项

（1）首选那些信誉较好、规模较大的商家。规模不大的商家通常都比较容易倒闭，而信誉不好又有可能出现欺诈行为，所以网店经营者在选择商家作为其代理对象时，一定要切记全面了解商家，不要被商家优惠的条款所迷惑。

（2）不要等着商家上门，要有主动寻找商家的觉悟。很多人做代理都是通过搜索引擎搜索到的，也有很多是商家主动找上门的。鉴于此，很多网店经营者总是习惯守株待兔等待商家上门，这种态度在商场中是极不可取的。

很容易被残酷的竞争所淘汰掉。网店经营者只有将主动权掌握在自己的手中，主动去寻找商家，才有盈利的可能。

（3）慎做个性变化的商品，选择有统一规格的商品。对于那些个性变化的商品，通常都会有买家问一些经营者无法答上来的问题，这样网店就很难卖出商品。而选择统一规格的商品，熟悉其各方面的功能，就可以有效避免这些问题。推荐商品：电子商品、化妆品、保健品以及书籍音像制品等。

（4）商品不求多，但求专。网店的商品并不是越多越好，如果网店经营者上架 1000 件商品，那不仅会使自己维护起来非常累，还会使买家很难对店铺产生信任感。

（5）要及时快速与商家低成本沟通。当买家问及商品的某个细节问题时，经营者恰好不清楚，这个时候就需要去询问供货的商家了。如果联系不到商家，网店的这单生意很可能就会化为泡影，但是打电话的话又会增加成本，而且问多了商家会烦的，所以经营者最好能够与商家有一个较低成本的沟通平台，例如阿里旺旺或者腾讯 QQ。

（6）商家最好有相关开网店经验，能给予指导。这样的话网店经营者不但可以快速赚钱，而且还能学到经验，不断地提升自己。

（7）慎重对待代理费。在选择代理费的时候，不少商家都会要求先交一笔或大或小的代理费。一听到要先交钱可能很多人第一反应就是他们是骗子。其实也不尽然，确实有很多正规的商家需要代理费。当然，用这种方式行骗的也有很多。因此，网店经营者在遇到类似情况的时候要格外慎重，仔细调查商家，确定其合法性与可靠性之后再决定是否代理该商家的商品。

商品是盈利之本，在商品的选择上网店经营者一定要格外留心。

盈利策略3　创造镇店之宝，财源滚滚来

一、选出几个商品，薄利多销赚客户

网店经营者要想打造出店铺爆款，就要薄利多销赚客户。首先要结合各种数据分析总结出如何选择好商品，然后对商品进行包装，制定出详细的计划，再通过直通车等各种工具为店铺引入流量，最后是保证爆款能够持续引爆，从而提升店铺的销量。

（一）选择出拥有爆款潜力的商品

也就是说，网店经营者在店铺的商品中选款的时候，要参考各个方面的数据，比如说在一定时间内商品页面浏览量和成交量。如果商品在一定时间段中，能够保证稳定和不太低的页面浏览量及成交量，那么就可以对其再进一步地观察，然后再决定其是否值得打造，是否有潜力成为爆款的商品。

简单地说，就是要观察商品的点击率和成交转化率，假设网店经营者同时观察自己店铺中的A和B这两个商品，A商品在7天内页面浏览量为1000，成交笔数为10件。而B商品在7天内的浏览量为800，宝贝成交笔数为15件。那A商品的页面转化率就是100，也就是说100个点击才能成交一笔交易。而B商品在页面转化率就是53.3，也就是说53.3个点击就能

产生一笔成交。从中我们可以清晰地看到 B 商品的转化数据相比 A 商品有着很大的优势。

当然，网店经营者也可以根据商品的价格，并结合库存和收藏，以及商品页面停留时间和跳失率进行比较再做出选择。不过想要打造出好的爆款，建议选择价格有优势、库存充足、收藏人气高、跳失率低的商品进行测试。这样的话成功率比较高。

（二）合理包装

当选择出合适的商品之后，网店经营者要对其进行合理的包装，以保证其在销售过程中能够顺利达成自己预期的想法。包装产品包括商品信息和页面的梳理，以及商品图片的处理。

也就是说，网店经营者首先要确保自己商品发布的类目是否正确，属性选择是否和商品本身帖切，商品标题是否和属性相对应，同时商品信息是否正确等。这是网店进行爆款推广的第一步，商品在选好款后即可进行包装。如果包装出现任何差错，那么这之后的推销也就没有必要进行了。

网店经营者在确定商品的页面梳理时包括商品的详情页排版和店铺首页排版等。因此，在确定商品详情页面排版时一定要把主图上满，颜色选择的图片最好也加上，特别在商品的 5 张主图上，如果出现了不是很常见的颜色，那么挑选出的图片要尽量放大，能清晰展示商品的细节，让买家看清楚，更放心购买。

商品详情页面的排版也要细致到位。如果一个商品详情页面的访问深度在 2 分钟以下，说明商品页面的文案以及图片不够吸引人，这是留不住买家的。而跳失率高则表明了网店商品的价格或者是卖点不能打动买家下单，商品转化率低主要说明的则是商品图片描述不行和客服的接单能力较差。

这些有可能会出现的问题，都需要网店经营者在一开始就想到，并提前想好完美的应对措施。只有这样，才能保证店铺中挑选出的商品能够顺利地成为爆款，为店铺带来更高的流量和订单。

（三）详细打造出店铺爆款商品的计划

当商品选择好了，也包装好了之后，网店经营者接下来要做的是详细打造出店铺的商品计划和推广计划。网店经营者首先要确定店铺的销售目标是什么？平均每天店铺需要销售出多少件商品比较合适？每天这么多的商品需要多少的流量来支撑？这些流量该如何引进？引进的流量需要多少成本才能带来效益……这些都是需要网店经营者解决的问题，需要一步一步制定出商品计划。

因而在这一步的时候，网店经营者更需要谨慎了。销售目标要明确，之所以要打造爆款商品，就是为了提高店铺的销售量。那么当店铺推出爆款商品之后，就要保证每天销售出一定量的商品，通过直通车、淘宝客、淘宝推广等工具为自己的店铺迎来流量，以保证店铺能够销售出一定数量的商品。同时也要通过优化标题关键词、写精华帖等免费的手段为自己的店铺不断做推广，只有这样，才能保证爆款商品顺利实现其预期目标，为店铺带来客户和订单。

（四）持续引爆商品

持续引爆指的是店铺在爆款打造到了成熟期之后，通过不懈的努力带出一款次爆款。这个次爆款就是第二个爆款的雏形。也就是说，网店经营者在选择主爆款的时候，就要一并选出次爆款商品。只有这样才能使得店铺的整个推广循序渐进进行，保证店铺中持续流量的引进。如果只是选择了一款爆款商品，那么到了这个爆款商品的衰退期时，没有新的爆款商品支撑店铺的主要流量来源，店铺内的流量就会出现很大的波动。因而，为了能够更好地经营网店，网店经营者在选择爆款商品的时候，要同时选出几个，以保证一款商品到了衰退期之后还有另一款顶上，就这样一直持续不断地引爆流量，就能保证网店一直运行下去。持续引爆是店铺良性发展的最好途径。

从以上几点不难看出，只要网店经营者能够挑选出几款合适的商品作为店铺的爆款商品，就能够为店铺带来不错的收益，正所谓薄利多销才能赚取客户。只有创造出了镇店之宝，才能保证店铺的财源滚滚。

二、商品描述有技巧，凸显特色销量好

很多的网店经营者在刚开店的时候，基本上都面临同一局面，那就是门可罗雀。因为没有任何的信誉，也就没有买家来到店铺中，也就没有销量可言了。那么网店经营者要如何做，才能让店铺的销量有起色呢？这需要其对自己店铺中商品描述的时候多下功夫，保证其能够凸显特色，和其他的商品区分开来，以此吸引到买家的眼球。

在网店日益激烈的竞争环境中，如何脱颖而出，除了商品质量要有竞争力外，推广手段也很重要。站内推广，像店铺优化，标题关键词优化，直通车、钻展和促销搭配套餐等；站外推广，像论坛、“淘宝客”、三方平台优惠社等。让买家都记住自己的店铺，这是网店经营者着重要做到的重点，如何保证自己店铺内的商品能够凸显出特色，从买家的评价就可见一斑了。因此，网店经营者一定要在店铺内商品的描述上下功夫，只有这样，才有可能打造出爆款的商品，为店铺带来利润。

那么，网店经营者怎么做才能让商品的转化率一直保持上升的态势，这需要从页面优化做起。商品的详情页是网店营销的关键所在。通过做好网店详情页，可以突出商品的亮点，为网店吸引到更多的流量。因此，网店经营者要打造出一个合格的商品描述应该做到以下几点。

（一）商品主图放大，多角度展示商品

网店经营者在对商品进行描述的时候，要确保买家在主图上鼠标所指的地方能够显示出商品的细节，加强买家的真实体验。同时要对商品进行多角度展示，让买家全方位地了解到该商品，让其感觉自己像是在实体店购物一样，当看到一样商品，都会前后左右上下地瞄一眼。网络购物本来就仅靠图

片查看商品外观和颜色等，如果连商品的侧面都不知道，则不能打消买家对商品的疑虑，这也会影响到商品的转化率。

（二）商品描述有特色，尺码信息说清楚

在网店的经营过程当中，网店经营者一定要注意对自己店铺商品的描述要有特点，特别是代销形式的网店，如果商品描述千篇一律，或者只是写明重量、颜色、商品名，那么靠什么来吸引买家呢？要知道一个少了导购员的实体店，是无法做出好的业绩的。同理，如果少了特色描述的商品，也是无法做出销量。因此，网店经营者在对商品进行描述的时候一定要将商品特色、设计理念用通俗易懂的语句描绘出来，这也会为商品的转化率加分。

同时，如果网店所经营的商品涉及尺码这类的问题时，还要在商品描述中将这些问题都表述清楚，让买家一目了然知道自己所看商品是否适合自己，更重要的一点是能有效地降低退款率。要知道，网店的退款率不仅会影响到店铺日常运营的工作，还会影响到商品的搜索排名。

（三）特写细节，提醒贴心

网店经营者在对店铺内的商品进行描述的时候，要着重针对商品的局部突出元素进行细节展现，这样做不仅有利于买家对此商品的了解，排除质量方面的疑虑，同时还能够申请“细节特写”服务，获得细节特写标识，为赢得更多的订单打下基础。

当然，网店经营者也不能忘了要在商品描述的最后，让更多的买家都知道该类商品的使用禁忌，只需要占用详情页面的一小块区域就能体现出网店对买家的贴心和专业，从而更快赢取客户好感。

由上所述，做好商品描述不仅能够提高买家的体验和转化率，更能直接影响到网店在淘宝中的自然搜索排名，为网店带来可贵的免费流量。因此，网店经营者一定要有技巧地对商品进行描述，凸显特色才能带来销量。

三、商品要有个性，才能脱颖而出

自然搜索排名规则里，商品只有同时在成交量、浏览量、收藏人气等这些重要因素中都能够达到一定的水平，才能在众多的同类商品中脱颖而出。

一个爆款首先要解决成交量这一问题，因为，爆款总是能让每一个进入店铺的买家都浏览这个商品，从而提高了店铺的浏览量，收藏人气也跟着水涨船高。那么，网店经营者怎样做才能打造出一个爆款商品，让自己店铺的商品从同类商品中脱颖而出呢？

（一）要明确如今的淘宝排序方式

网店经营者想要获得更多的搜索流量，就必须打造爆款，只有自己的商品有了更多成交记录，才能保证网店的排名更加的靠前！只有有了销量和爆款商品，才能有更多的精力和时间去推广自己店铺的商品，从而不需要担心因为转化率太低导致亏钱局面的出现。那么，网店经营者应如何来打造自己店铺的爆款人气商品呢？特别是现在淘宝越来越苛刻的规则之下，应避免淘宝违规，正确地提升店铺的商品销量，打造出一款爆款，让商品显出个性，最终脱颖而出。

（二）要综合上架数据，优化商品标题

也就是说，网店经营者在综合上架数据的时候，必须要一个个修改自己的商品数据标题，商品标题应该有【类名词+属性词+修饰词】，确保每一个标题都不会出现重复，而且要整洁，一目了然。只有这样，才能给买家一个很好的体验感，才能够吸引买家进入店铺。

（三）网店经营者在优化标题的时候一定要确保词语精简凝练

比如说秋冬季小脚裤，那么这里面也就包含了秋冬裤，小脚裤，秋季小脚裤、冬季小脚裤；少女款连衣裙包含了少女连衣裙、女款连衣裙；等等。只要是这类关键词的组合，都包含了3~4个热门关键词，组合得好的话对自己店铺的流量有着非常好的作用。因此，网店经营者在进行标题优化的时候，除了要对标题精简凝练，还要知道如何去准确地选择精准词，也就是说要关注量子统计，选择自己想要打造爆款的商品。

量子统计里面可以统计出自己店铺每天收获的流量和买家所关注的商品，网店经营者可以从量子统计里看出哪一款商品比较受买家的欢迎，这样网店经营者要打造爆款的商品就会自己逐渐浮出水面。打造这款商品成为爆款，那么其成功率就会比别的商品更高。而且有关于这个商品的被访排行的时间范围，网店经营者要把其设置得大一点，这样获取的数据就会更加的精确。

（四）有针对性地再度优化标题，进行商品促销打折

当爆款商品选出来了之后，网店经营者需要对这个商品进行标题优化，尽量选择转化率高的促销方式，这样形成一种促销打折的现象，让买家更快地下定购物的决心。这是一种视觉心理营销，当然，网店经营者也要记住折扣率不能太低，要定在5~8折。

（五）描述优化和推广

一款好的商品除了有好的标题之外，价格的诱惑也是非常大的，因此，网店经营者还需要有一个非常好的销售文案。在这个文案中，网店经营者要极尽可能地对商品进行描述，把这个商品描述得淋漓尽致，从效果图到细节图都不能够放过，图片要求绝对高清。做一些好看的海报图片，再加上一些无风险性的承诺。比如说十天退换、假一罚十、一年保修等，这些看似非常不现实，但却能让人感觉舒服的话语。这对提升商品的转化率有着举足轻重的作用。

做好这些之后，网店经营者也不要忘了去报名参加一些活动，去做一些站外发帖、微博推广等。只有这样，才能更好地推广自己的店铺，商品的转化率也会更高。

(六) 注意事项要记清

网店在进行标题优化的时候，一定要注意，不要偷懒，不要存在侥幸心理，必须要下功夫，千万不要用被淘宝规则设定的违禁词。不然，就会被淘宝惩罚，那就得不偿失了。

四、洞悉爆款，爆单品到爆全店

现在网店竞争已经到了白热化的地步，随着近几年电子商务的迅速发展，网店已经成了很多人生活中不可或缺的一部分，而开网店的人也越来越多，那么要如何做才能使自己的店铺脱颖而出呢？

这就需要网店经营者洞悉爆款的奥秘，从爆单品到爆全店。那么，如何做才能洞悉爆款呢？

(一) 直通车前期，了解情况

如果网店经营者在准备的爆款商品上架之后，并没有迎来销量，那么，网店经营者就不要着急地先期投入太多的财力去做这个商品，毕竟销量低和评价少的情况下再去打造爆款，订单成交率也不会得到太多的提高。为了解决这些问题，需要网店经营者详细了解情况，认真对待每个买家，做好售后服务，尽可能地为店铺积累起好评。而这个时候在直通车中的费用最好是控制在每天 80~100 元。这样的话，一般的网店经营者也还能负担得起。

（二）直通车中期，加大投入力度

当好评积累到一定程度之后，网店经营者就可以考虑给直通车加点油了，也就是说费用可以提升到 200 元以上，这样的话，拥有一定人气的商品就会被直通车推广出去，也就能快速地提升销量，转化率也会随之提高。这个时候，网店经营者就可以开始策划了，做预算、筹备活动等。只要做好这些，商品在推广、销量、有库存、好评方面就已经有了充足的准备。只要具备了这些，再借助直通车的运气，被买家点击的概率就会变得很大。

当流量进入到店铺之后，网店经营者要充分利用，尽量提升转化率。也就是说这种时刻，店铺一定要做促销活动，再配合直通车，比如限时折扣、满就送、店铺优惠券、搭配套餐包邮等。

限时折扣对于每次设置的时间不要超过 3 小时，给买家一种全店正在做促销马上要结束的错觉，这样会给予买家一定的心理暗示，如果现在不买，则过了这个村就没这个店了，加快其下定购买的决心。

而进行满就送，再配合优惠券的促销活动，不单单是为了店铺当前的销售额，同时也是为了店铺积累客源，吸引回头客。在这一点上，网店经营者一定要做好，毕竟是自己辛辛苦苦积攒的回头客，一定要做好之后的服务，要经常地去问候，巩固住老主顾，不能让其流失，毕竟留住老主顾的难度比开发新买家的难度要小很多。如果条件允许的话，网店经营者可以适时地给老主顾们送上一些小礼品以作回馈。让他们感到实惠，更加的信赖店铺。

搭配套餐是提升转化的一个非常有效的方法，网店可以尝试搭配套餐，这样的话能够快速提升销量，有评价的商品而且是店铺促销的商品全部进行搭配套餐，让买家觉得不但享受了店铺的促销，搭配购买后还能得到再次的优惠，自己占尽便宜，下一次还会来购买，甚至会介绍自己身边的朋友和亲人来购买。这样一来，店铺转换率也相对提高了。

（三）直通车后期，稳住老主顾

经过前期的直通车和中期直通车活动，爆款基本上算是打造成功了，爆款已经占据了很多自然搜索的第一页到第三页的黄金位置了。这个时候，网店经营者就可以对直通车的投入适量减少了，稳住成交的同时，调整优化商品标题关键词，调整出价，自然搜索能展现出的词就不用再到直通车上购买了，则直通车的费用自然而然地也就降低了。

很多网店经营者会觉得打造爆款难，开通直通车很烧钱。其实，比较好用的推广方式烧钱，也是非常合理的，这毕竟是看市场需求，网店经营者就是分析自己的商品，打造出适合市场的爆款。只要能够洞悉爆款，那么在推广方式上花费一些也是值得的。只要洞悉了爆款的模式，就能从爆单品做到爆全店，那么店铺的财源也就会滚滚来了。

盈利策略4　如何玩转促销，让流量销量一路飙升

一、促销定价六策略，让买家高兴成交

网店经营者想让网店的流量和销量同时飙升，就必须在促销方面做到极致，也就是说制定出不同寻常的促销策略，让买家能够高兴成交。

那么促销定价六策略都包括什么呢？

（一）促销定价一定要有明确的主题

例如现在大众都喜欢用的周年庆、节日庆等，让买家不至于产生，为什么会搞促销，估计是产品不好等之类的这种想法。因此，促销一定要有理由的。如果没有足够的理由支撑的话，买家不会相信，他们根本不管你的店铺是不是在做促销，他们会在网店商品打5折的时候，认为这家店铺是把商品提价之后再来打折卖的，这样只会造成买家流失，更不用提流量和销量了。

（二）促销定价要有时效性

商品定价的促销时间长短要保持一定的时效性，如果一家店铺从年头到年尾一直都在做促销，那么买家在第一次上门之后就不会再来了。买家又不是傻子，有着一定的分辨是非的能力，不可能一直受骗。因此，网店的经营

者要保证每次的促销都有一定的时效性，只有这样，才能确保买家对店铺的商品产生兴趣，从而促使交易达成。

（三）促销定价要让买家有物超所值之感

当网店在搞促销的时候，一定要让买家有一种物超所值之感，只有这样才能激发出他们的购买欲。当买家有了购买的冲动，则网店中商品交易的概率也就不会少了。

（四）促销定价要能产生连带价值

当网店经营者在店铺中打出促销活动时，最好是能多设置套餐，以便于买家在购买之后，看到店铺商品的价值，在促销结束之后，买家还能够到店铺中进行再次的购物，为店铺赢取到回头客，这就是能够产生的连带价值。

（五）让参与促销活动的买家留下点凭据

在生活中，很多的促销活动并不能当场就给出商品的，就像是现在非常普遍的抽奖活动。为了防止买家在参与活动之后，时间一过就忘了，网店经营者一定要让参与促销活动的买家留下点凭据，以便于日后中奖之后，能够沟通顺畅。

某网站举行了购买商品就可以参加抽奖的促销活动。活动举办得很顺利，但是中间出现了一些事情，导致此次抽奖活动的最终结果公布时间太迟，以至于中奖的买家已经忘记了这件事。当卖家的工作人员打电话给中奖的买家，告诉其中奖了，买家认定这是一个电话诈骗，对此非常生气，直到工作人员解释半天才相信。不过，虽然中奖的买家收到了商品，但是并没有对这家店铺产生任何的好感，甚至当朋友们都围过来问怎么买一个这么好的东西时，中奖的买家却说是某某网店发神经非要送的。

相信这样的结果是很多的网店经营者所不想看到的，因此，为了避免出现这样的情况，在促销活动期间，参与到活动中的买家，网店都要让其留下点凭据，以作为日后通知的依据。

(六) 促销定价要让买家形成更高的购买力

网店经营者不能满足于买家一次的购买，要能够保证买家在经历过这样一次促销活动之后，能够形成更高的购买力，成为店铺的老主顾。

为此，网店经营者一定要细致地进行商品定价促销活动，想办法给买家留下深刻的印象，让其能够产生回头再来买的想法。

以上是促销定价的六策略，只要网店经营者能够做到以上几点，就可以让买家高兴成交，回头再来。

二、促销玩法要灵活，核心要点不能少

网店经营者进行促销活动的时候，在保证核心要点不少的情况之下，可以灵活运用促销手法，让促销变出新花样，使买家眼前一亮，加大买家的购买欲。

而商城内经常运用的促销也是网店经营者经常使用的手段。也就是说，在适当时候利用不同时间阶段性地开展店铺促销，可以更好地进行服务和销售。

(一) 赠品促销

赠品促销是在买家购买店铺中的商品或者服务的时候，网店经营者推出的买就送促销活动。也就是说，只要在这个促销时间内，买家在店铺中任意购买一个活动产品，就能够同时收到一份赠品。之所以进行赠品促销，是为了增加店铺中主商品的出售流量度。因此，网店经营者在赠品的选择上要选一些有特色的商品，最好是能够让客户感兴趣的商品。只有这样，才能在增加店铺流量的基础上，为店铺留住买家。

（二）打折促销

打折促销是很多网店都经常运用的促销方法。打折促销相比较其他的促销方法，最简单、最实用。因为只要店铺中有商品，那么就能够进行打折促销，不管何种商品都能够适用。但是这也考验了网店进货的渠道，也就是说想要进行打折促销，那么网店经营者在进货渠道中就要有价格优势。打折促销，顾名思义，就是要把价格一再压低，如果商品的进价和售价之间差距不是特别大，那么完全没有必要进行打折促销。因为这纯粹是赔本赚吆喝，大卖家可以承受，但是小卖家如果选择打折促销，很可能把自己的店铺完全搭进去。因此，对于打折促销，小卖家在选择的时候要慎用。

（三）抽奖促销

抽奖促销是网络上常见的一种促销方法，在网店经营中也时常被用到。不过，网店经营者在运用抽奖促销方法的时候，要切记：抽奖时要注意公开、公正、公平，奖品要对买家有吸引力，这样才会有更多的买家对促销活动产生兴趣。不过对于刚开业的网店来说，最好不要做这类促销。

（四）节日促销

节日促销，指的是在节假日来临之际，网店所展开的促销活动。如每一年的五一、十一、元旦等节日。节日促销时网店经营者应注意保证自己店铺中进行促销的活动与促销的节日进行关联，只有这样才可以更好地吸引买家的关注，提高转化，为店铺赢取流量和销量。

（五）积分和抵用券促销

在网上交易盛行的今天，很多的网站里面，都支持虚拟的积分和抵用券，买家在网站或者是店里每消费一次满额多少，就给予累积积分或者使用某一额度的抵用券，比如买家第一次购买 100 元的商品，就能够获得 5 元抵用券，当再次购买满 150 元时，就可以使用此券。

根据这类促销的特点，网店经营者也可以进行积分和抵用券促销。首先推出卖多少商品能够成为本店的会员，会员再次购物的时候，不仅能够获得积分，而且还有一个会员价；在本店购买多少商品的时候能够获取店主赠出的抵用券，只要在规定时间内在本店再次购物超过一定数额的就能够用此抵用券。当然，为了避免累计使用的情况出现，要特别注明：一张订单只可使用一次抵用券。

（六）联合促销

网店经营者如果觉得自己一家店铺进行促销活动不够吸引买家的话，可以挑选与自己店铺的商品有互补性的店铺，与其进行一次联合促销，这样做对扩大双方的网络销售都很有好处。因此，不熟悉的网店经营者完全可以挑选联合促销，这样的话不仅能够为店铺带来销量，同时也能为自己省掉很多的事情，真可谓是一举两得！

（七）周年庆促销

周年庆促销，是对于经营了一段时间的网店来说的，刚开张的网店就不要用这种促销了，明显会被买家发现的，还不如选用别的促销方法。当然，对于经营了一段时间的网店来说，如果遇到了建店开店的周年，可对访问量和销售量一般的商品，针对其进行促销，同时还可以在促销实施前选出几位购买的买家，给予价格上或者运费上的优惠，或者赠予小礼品，这样的话就能很好地留住买家。

（八）限时限量促销

限时限量促销在生活中比较容易出现在大超市中，不过随着团购、返现的时代到来，限时限量抢购也成为网店商城里使用率很高的促销方法。虽然这种促销方法好用，但是网店经营者也要慎用，以防止不可预料的情况出现，像是瞬间买家都进入店铺，导致店铺因为服务不过来，而被买家挑剔。

以上是有关于网络中常用的几种促销方法，但是网店经营者要想让自己的店铺被更多的人熟知，不能局限在这几种促销方法中，要灵活运用促销方法，在不改变核心要点的情况之下，尽可能地开发出新的促销方法，以吸引买家为目的。

三、网店要做好“秒杀”促销

“低价”两个字对于买家来说，永远都充满着无穷的诱惑力，因此，对于网店经营者来说，促销永远都是最有效的盈利手段。网络上频频出现“秒杀”促销活动，超低的价格成功吸引了买家的到来，让买家们欣喜若狂。因为买家喜欢这样“秒杀”，网店经营者们当然乐于进行这样的促销活动。作为一名网店经营者，怎样才能做好自己的“秒杀”促销活动呢？

（一）适合秒杀的商品

适合参加“秒杀”活动的商品要符合以下特点：

（1）价格要够震撼。既然是秒杀，参加“秒杀”活动的商品的价格就必须要足够震撼，能够让买家看见商品的价格就神经振奋，疯狂购买，一个不痛不痒的价格显然无法做到这些。

但对于网店经营者来说，把价格低到白送的程度是不可能的，所以网店经营者必须研究参加“秒杀”活动的商品到底以什么价格参加活动才是最佳的。

（2）商品要受欢迎。假如网店经营者经营网店的时间不长，甚至是刚开始营业，没有固定的客源，那么参加“秒杀”活动的商品就不要选择一直没有人关注的商品。因为没有被买家评论过好坏的商品是很难让买家信任的。

参加“秒杀”活动的商品最好是比较受欢迎的一类，购买人群的基数要大，不能选择太高端或者太低等的商品，因为这样的商品很可能会让买家望而却步或者不屑一顾，所以造成没有买家评论的状况。至于什么样的商品是买家比较容易接受的，网店经营者可以参考一下商品的浏览量。

(3) 货源要够充足。如果商品的质量很好，性价比高，而买家对网店经营者的服务态度一直都很满意，那么参加“秒杀”活动的商品数量一定要充足。如果你的商品在很短时间内秒完下架，会有很多买家认为网店经营者参加“秒杀”活动只是噱头。所以，参加“秒杀”活动的商品数量最好可以维持买家 1 分钟的疯狂抢拍。

(4) 据实而定。可根据实际情况再上架相同的宝贝做“秒杀”。如果参加“秒杀”活动的商品是网店的主销产品，那么网店经营者需要根据网店的实际情况来决定是否需要让另外一种同类产品参加这个促销活动。譬如促销活动结束后，很多买家还是希望以活动价格购买这个主销商品，那么网店经营者就要根据实际情况来决定参加“秒杀”活动的商品了。

(二) 秒杀的准备工作

(1) 库存准备。网店经营者要在活动开始前就做好秒杀商品的库存准备，尽量避免因为商品货源不足而导致网店信用受到损害的情况。

同时，网店中的主销商品的数量要充足，因为“秒杀”活动期间是商品走单量最高的时候，对网店的销售拉动非常重要。

(2) 包装准备。要想让在“秒杀”活动时光顾自己店铺的买家成为自己的回头客，就要让买家有好的购物体验。而很多买家都把商品的外包装看得比较重要。所以，网店经营者要做好商品包装物料的准备，要保证商品能安全地到达买家手中。

(3) 阐述规则。在“秒杀”活动进行的时候，关注的买家比较多，所以询问的买家相对也会有很多，譬如询问秒杀规则，所以网店经营者要在秒杀的页面非常详细地阐述秒杀的规则，不仅可以减轻客服的压力，在产生争议的时候，也有据可查。

(三) 参加活动的心态

(1) 心理准备。并不是每次参加活动都能获得成功，所以网店经营者要做好失败的心理准备。如果失败了，网店经营者要做好经验总结，为下一次活动的成功做准备。

（2）宽容大度。作为网店经营者，遇到因没有“秒杀”到商品而产生怀疑，甚至人身攻击的买家要宽容、要大度，因为这些买家将来很有可能成为网店的固定客户。

（四）提高网店的黏性

（1）促销套餐。为了更加吸引买家的眼球，增加商品的销量，网店经营者可以为商品量身定做促销套餐，参加“秒杀”活动的网店最好购买“搭配套餐”工具，比如参加活动的是秋冬款一字裙，则网店经营者就可以为这条裙子搭配一条打底裤，并在商品详细内页中展出上身效果，一定会带来意想不到的效果。

（2）促销活动。在全店推出对买家有足够诱惑力的促销活动，如全店几折、全店“满就送”、全店免邮、收藏有礼等促销活动，这种连带营销一定会为网店带来额外惊喜。

（3）推荐商品。网店经营者还可以在秒杀商品的页面制作其他推荐商品，推荐的商品最好是可以成为秒杀商品的替代品或者是互补品的商品，价格也要与秒杀商品接近。这样可以为买家提供更多的选择，或者满足买家“一站式消费”的需求。

（4）增加活动。网店经营者还可以在活动进行的时候举行诸如预售抽奖活动，这样既吸引买家眼球又实惠的活动，对网店的营业额也有一定的好处。

（5）培训客服。一般买家对一件商品感兴趣，会联系客服了解详情，客服是直接和买家沟通的人员，所以在交易过程中，客服的作用很重要。网店经营者要培训客服的沟通技巧，让买家在关注秒杀商品的同时，对网店内其他商品也能多加关注，这样会带动网店内其他商品的销量。

（6）推介会员。为了能让更多的买家关注网店经营者的网店，可以推介自己的网店会员制，甚至可以规定购买秒杀商品的买家必须是会员、帮派会员等。但是成为会员的要求不能太高，门槛必须适当低一些。

（7）建立群体。为了增强用户的黏性，网店经营者可以建立秒杀活动群，把在活动中进入到自己店铺中的买家集中起来，这样可以更好地稳定买家群。

“秒杀”促销活动最好的结果是网店经营者和买家实现双赢。网店经营者要学会合理利用“秒杀”促销活动，既让买家得到实惠，又为自己的店铺聚拢人气，实现盈利。

四、巧妙利用小成本促销手段提升流量

网店经营者在提升网店流量的时候，可以利用小成本的促销手段，在省力的同时，也能为店铺带来不俗的流量。

（一）对商品进行关联陈列

“关联陈列”被经常运用到超市中，是根据商品与商品之间的关联因素以及买家的消费习惯，对超市内的商品进行合理的陈列。例如美国的一家超市就分析出这样的一个结果：如果把婴儿尿布和啤酒摆放在一起陈列，就可以提高两种商品的销售量。

现在很多的超市中都喜欢把饼干和相关饮料放在一起陈列。试想一下，一个买家进入门店后，如果一开始只是想买一包饼干，但是在拿了饼干之后，在心理上会产生吃了饼干会渴的感觉，那么在看见了饮料之后，就会自然而然地拿一瓶，无形中就提高了销售量。当然，像是把面包和果酱陈列在一起，方便面旁边搁上火腿肠，在生鲜区陈列一些专用调味等，这些也都可以取得非常好的效果。

因此，网店经营者也要学会对自己店铺中的商品进行关联陈列，让买家在购买一种商品的时候，顺手拍下旁边的另一种商品，这无形中提高了店铺

的成单量。

（二）商品套餐出售

相信大家在逛超市的时候，会发现超市的很多商品都是组合出售的。比如说，可乐和果汁组合，薯片和瓜子组合等，可乐和果汁进行组合保证可以满足很多的家庭中家人的不同口味习惯，避免了餐桌上只出现一种饮料的尴尬局面。而在薯片旁配上瓜子，把想买薯片或想买瓜子的买家，都吸引过来了，只要买家拿其中的一种，就会同时购买两样商品。像这样的情况在冬季的时候更明显，中国人都喜欢吃火锅，因此，很多超市会把火锅底料和小料以及牛羊肉、肉丸等进行捆绑销售，这样既给买家省下了时间，不用自己一种一种去找寻，同时也可以给超市的销售量带来良好的效果。

因此，网店经营者也要学会这个促销小手段，把店铺中的商品以套餐的方式出售，同时注明购买套餐能省下多少钱，相信这能更快地吸引买家，则网店的销量也就不用担心了。

（三）购买一定数额的商品就包邮

包邮，在网店的经营史上一直都占据了非常重要的位置。虽然说现在很多的卖家都有了包邮这项服务，但是其对买家一直有着一种吸引力，只要看到包邮，很多的买家就失去了抵抗力。因此，对于很多新开张的网店或者是店内商品价值高的网店，最适合运用“购买一定数额的商品就包邮”的促销手段，其能够在一定程度上提高店铺的流量和销量。

（四）设置一定数额商品送赠品或优惠，延长买家购物时间，增加销量

当买家在店铺中购买了一定数额的商品准备结账的时候，网店经营者要在购物车中表明这一项，当在本店购买到一定数量的商品后就能够送赠品，或者是给予减免几元的优惠，这些虽然看似很小、很琐碎，但是最能够吸引买家的注意力，让其不知不觉间在店铺购买更多的商品，提高了店铺的成单量。

（五）在一堆低价的商品中导入高价商品

为了能够更好地吸引买家，网店经营者在摆放一排的低价商品中，可以适当放入高价的商品，让买家自己去比较低价和高价商品之间的距离，给予其自由选择的机会，更容易达成交易。这就像是在超市中购物是一样的：大家都认为一双拖鞋 9 元以下就比较便宜，一双拖鞋 20 元以上就有些高了。家乐福对此就做出了调整，在自己的 27 个拖鞋单品中，将最低价定在 8.9 元，在这个价位上提供 2 个单品，让买家感觉这儿有便宜的拖鞋。有 20 个单位价格定在了 19.9 元以下。为了拉高单价，在 24.9 元的价位上提供了 4 个单品。在 39.9 元价位上提供 1 个单品，突破传统心理价位，反衬 24.9 元不贵。这样 19.9 元以下的商品销售量大增。也就是说，网店经营者只要像家乐福超市这样做，就能够不断提高自己店铺商品的销售量。

以上这几种促销小手段都不会增加店铺的运营成本，但会提高店铺的成单量和销售额。对于网店经营者来说，只要将这几种促销小手段应用到店铺中，就能够有效提高网店的经营成效，增加网店的价值。

五、低成本商品促销小技巧

（一）满就送促销小技巧

满就送包括满就减、满就送礼、满就送积分、满就免邮费等，也就是说只要买家能够在店铺中进行购买，那么网店经营者就要给予其满就送的优惠。同时网店经营者要把店铺的促销活动面向全网推广，将便宜优惠的店铺促销活动推广到买家寻找店铺的购物路径当中。只有这样做才能够缩减买家的购物成本，同时也能够提高店铺的销售量。

而且网店推出这样的促销活动，能够保证自己进入促销频道推荐，进入店铺街推荐。这样一来，能把更多流量转化成有价值的流量，让更多的买家进入到店铺中进行购买。通过满就送，可以提高店铺的整体交易额。

（二）店铺优惠券及商城活动优惠券的运用

在店铺成单量不高的时候，网店经营者完全可以推出店铺优惠券，也就是说只要进入店铺就能够收到店铺送出的优惠券，不过仅限在本店中使用。当很多的买家拥有了这样的优惠券之后，在优惠券即将过期的时候，就会到店铺中购买商品。这无形中提高了店铺的销量。而且店铺优惠券是虚拟电子现金券，网店经营者完全不用担心有任何的风险性。网店经营者可以设置这样的规定，只有在本店中购买商品超过一定数额的才能使用商场活动的优惠券，这也能够在一定程度上提高店铺的成单量。

同时为了能够更好地发放优惠券到买家的手中，网店经营者可以学习实体店铺的促销方式，也就是设置会员制度，只要是店铺的会员，就能够获得更高的优惠券，大大提高买家再次购买的概率。而且以营销消息的形式将店铺优惠券发放到会员手里，不仅能够拓展店铺的销售方式，还能提高店铺的流量。通过店铺优惠券，在发展新会员的基础之上维护好老会员，这是网店全新的营销手段之一。

（三）限时折扣促销

限时折扣是淘宝提供给卖家的一种非常便利的店铺促销工具，只要订购了此工具的卖家完全可以在自己店铺中选择出一定数量的商品在一定时间内以低于市场价进行促销活动。并且在活动期间，买家可以在商品搜索页面根据“限时折扣”这个筛选条件找到所有正在打折中的商品。也就是说，只要网店经营者对自己的店铺设置了这一点，那么就能够保证被买家搜索到的概率。不过，参与到限时折扣活动中的商品不支持购物车。该工具目前不支持自动发货的虚拟类商品。也就是说，还需要网店经营者自己多动动手，勤劳才能致富。

（四）搭配套餐出售的促销技巧

这种促销技巧指的是网店经营者可以将店铺中的几种商品组合在一起设置成套餐来销售，通过促销搭配套餐让买家一次性购买网店中更多的商品。以此提升店铺的销售业绩和店铺购买转化率，同时也能够提升销售的笔数，增加商品的曝光力度。最难能可贵的是，这个促销技巧节约了人力成本。而且利用搭配套餐可以让网店的订单量和人气得到双重的增加。

对于网店经营者来说，搭配套餐组合商品出售，可以利用其价格优势，让更多进店的买家购买店铺商品，提高了店铺的整体交易额。

以上几种促销小技巧非常适用于低成本的商品，因此，网店经营者要多多运用，来提高自己店铺的销售量。

六、节日大促，一气呵成

众所周知，促销玩的就是消费心理，促销就是要营造出非常优惠的感受给买家，刺激买家的购买欲。因此，如何传递优惠感受给买家，打造出优惠的真实性是网店经营者进行促销时最大的问题。

在日常购物过程中，只要认真分析自己的购物行为，大家就会发现，当自己购物时真的认为享受到优惠时，就会毫不犹豫地付钱；反之，如果某家店铺全店商品长期打 5 折，也就完全不能激发出我们的购买欲，因为我们在心理上觉得这家店铺是不优惠的，只会认定这家店铺不诚实，既然不诚实，当然也就不会在这家店铺中购物了。

因此，网店经营者在进行店铺促销的时候，要能够保证促销活动显得真实有效。而最好的促销借口是节日促销。因此，网店经营者完全可以进行一次节日大促，以提高店铺的销售量。

节日促销这个噱头，非常具有真实性。在节日进行促销理由非常充分，建立了买家对店铺优惠的信任感。而且网店经营者在促销的时候也已经明确了此次促销活动跟节日挂钩，让买家清楚地明白，这次的促销活动是有时效性，那么买家的购买冲动马上就被刺激出来了。而且节日前往往是客流高峰时段，只要好好利用这段时间进行促销必定能使店铺销量大增。

那么，中国有多少个节日可以利用呢？这就牵扯到了中国的传统节日和季节交替，以及网站官方节日和店铺自定义节日。

（1）传统意义的节日，包括春节、元旦、端午节、中秋节等。

（2）季节交替，包括春季新品、过季清仓、反季节特惠促销等。

（3）淘宝官方节日，包括双“十一”、双“十二”等。

（4）自定义节日，包括周年店庆、老板娘生日、老板嫁人等。只要是网店经营者觉得值得纪念的日子都可以用。

当网店经营者明确了什么样的节日可以做促销之后，就要着手准备制定节日促销的计划。对于很多的小卖家来说，虽然明知道节日促销的重要性，但却常常忙着忙着就错过了。为此，介绍一种简单的方法给你们。那就是找一张节日大全表格，圈出跟本店有关系的所有节日，然后将节日对应划分成2个等级，对于不同等级的节日，运用不同的促销手段。只要能够做到这两点，那么店铺的销售量也就不用担心了。

当所有的一切都确定了之后，网店经营者就要明确节日促销中的优惠原则了。包括不要盲目追求绝对的价格优势；合理搭配打折、满就送、免邮；回头客比例比较高的店铺采用满就返和会员优惠，维护好老主顾。

当优惠原则明确之后，网店经营者在活动中要细致地观察效果，以便于及时调整优惠幅度。就像是网店经营者可以不断尝试不同的折扣对单品流量和转化率的影响，从而确定出店铺利润最大的折扣点。而对于前后相隔比较近的节日，网店经营者不能用同样的促销方式，要策划出不同的促销花样，只有这样才能让买家不容易比较出哪个活动更优惠，从而花更多的时间在店铺中，不断提升订单率的同时也提高了店铺的浏览量。

当然，为了能够更好地渲染节日促销活动的氛围，网店经营者要在店铺页面的每个角落都为此次的活动做足宣传。这包括：

（1）促销海报。网店经营者要在店铺的首页、商品的详情页、分类页面以及自定义活动页，都要有非常详细说明此次促销活动的优惠内容和活动时间。

（2）促销分类。网店经营者要将参与同种优惠的商品做成一个分类，以便于买家查看。

（3）关联列表。网店经营者要把同等折扣优惠的商品，做成关联列表，方便向买家推荐。

（4）写清楚图标。就是像清仓 5 折、新品免邮等字样要写得非常清楚显眼，让买家一眼看清优惠。

（5）自定义活动页上要有最醒目的方式，而且一定要在全店任何页面都可以看到。

综上所述，节日促销要分三步走：第一步是把全年的节日提前规划好，在日历本中圈上，以便于网店经营者能够记清楚每一次的节日，简单的方法却非常有效，让网店经营者不错过任何一次节日促销机会；第二步是做好促销优惠计划，也就是说在促销活动的过程中网店经营者要时刻监测效果，及时调整优惠幅度；第三步需要网店经营者将活动信息散布到全店每个角落，缔造出立体的宣传网络，渲染店铺的促销气氛。

只要走好这三步，节日促销就算是成功了，店铺的订单率也就能获得不断地提升。

盈利策略 5　如何利用免费平台，轻轻松松赚大钱

一、把握手机淘宝、微淘新机遇

在网络营销风靡的今日，网店经营者要把握好手机淘宝和微淘这些新的机遇，只要合理地利用，就能为自己的店铺带来不俗的流量和销量。

那么，网店经营者在运用手机淘宝和微淘时，需要注意哪些因素？

（一）不要设想一蹴而就，需要经营和时间

也就是说，网店经营者在运用手机淘宝和微淘的时候，不能把店铺和商品的信息放上之后就不管了。要知道，就算是一个工具再高端它也只是一个工具，也是需要人去培养和经营的。如果你认为自己把店铺和商品信息放上去之后能够为自己带来大量的流量和订单，那么还是不要用手机淘宝和微淘了。因此，为了能够有效把握这两个新机遇，网店经营者要用心去经营，买家数量不可能一蹴而就，现有老主顾的转化和种子买家的培养，都是需要时间的。因此，网店经营者要巧妙地对其进行经营，时间一到，流量和销量也就上去了。

（二）不要所有的商品都发送推送

在现代的网店经营过程当中，并不是所有商品的内容都适合推送的，有的时候买家更喜欢的是卖家与其进行的贴心的交流和指导，更需要的是卖家与他们之间的专业信息沟通，而非一面倒的强制性。如果这样做，只会让买家心里更不舒服，那么网店的销量也就不要想了。

（三）在发送定性推送时要保证内容的专业度

很多的时候，网店经营者为了增加给客户发送推送时的内容，喜欢从各种途径寻找内容，甚至有的时候会找代运营托管，这在很大程度上忽视了自身商品或者说是行业的专业度，所以尽管有的店铺客户群体非常大，但是订单率却一直上不去。试想一下，只是枯燥的复制粘贴，根本就无法进行有效的内容沟通，丧失了成交的机会。因此，为了能够保证老主顾的回头率，网店经营者在对其发送定性推送的时候，一定要保证内容的专业度，只有这样，才能让老主顾对店铺的好感不断上升，从而多多介绍身边的亲人、朋友、同事等到自己的店铺中购物，为店铺订单率的上升打下一个非常好的基础。

（四）进行线上服务的客服要有好的沟通技巧

当买家确定商品的质量和价值都没有问题，却迟迟不肯下单的时候，需要网店拥有好的客服人员，运用巧妙的沟通技巧与买家进行沟通，让其最终下定决心购买商品。要知道网店自身商品的口碑和客户关系维护在网店的经营过程当中都要有完整的规范和体系，并且一定要具有强大的执行力，而不是简单粗暴套用销售说辞。那样只会让买家对店铺产生反感，从而放弃购物。

（五）与买家多进行互动

网店经营者要多在手机淘宝和微淘上进行互动，让买家从内心深处认定店铺，觉得这家店铺是符合自己购物习惯的店铺，从而成为店铺长期的老主顾。网店经营者要切记，在进行互动的时候一定要保证内容简单，这样才适合买家之间进行传播。

以上，仅仅是基于手机淘宝和微淘营销时需要注意的事项。网店经营者自己要清楚手机淘宝和微淘上的营销只是微营销，千万不要为了营销而营销。同时，为了更好地利用免费平台，在利用手机淘宝和微淘进行营销的基础之上，对于互联网的其他平台和工具也要善加利用，主动利用但不盲目跟从。只有这样做，才能保证网店财源滚滚来。

二、首页推荐要抓牢

商品怎么上淘宝首页？这是很多的网店经营者都迫切想要解决的问题，那么想要抓牢淘宝首页推荐，需要做到什么呢？

需要网店经营者掌握好商品发布的技巧和橱窗推荐位的使用。只要做好这两点，那么淘宝首页的商品推荐也就是自己的囊中之物了。

（一）商品发布的技巧

网店经营者在进行商品发布的时候，要掌握好技巧，切记商品不能同时发布，最好的发布时间是分为三次。只有这样，才能保证自己店铺中的商品在首页存在的时间更长。众所周知，淘宝里的商品排列是距离结束时间越近的商品，其排位就越靠前。如果网店经营者把自己搞促销的商品同时发布的话，也就是说这个星期自己店铺中的商品在淘宝首页存在的时间只有1天，这会给店铺造成损失。为此，网店经营者在发布商品的时候，要分三次隔天发布，那么店铺中的商品在一个星期内就有三次机会登上淘宝首页推荐了。同时，为了能够让商品排名更加靠前，在发布商品的时候选择上架时间越短的商品越好，查商品的时候默认排序是按时间计算，为了更好地推广店铺中的商品，这一点一定要记清。

而且在选择商品的发布时间时，网店经营者也要选择最好的一个时间段。只有在网上成交量最大的时间段发布商品，订单率才会一路疯涨。因此，商品发布的时间最好是在早上 9~12 点、下午 2~5 点以及晚上 8~10 点。这三个时间段是网上商品成交量最大的，只要在这三个时间段中发布商品，就能保证自己店铺的商品排在前面，浏览量暴涨，成交量飙升。

（二）橱窗推荐位的使用

除了在商品发布的时候，网店经营者要掌握好技巧以外，在使用橱窗推荐位的时候，网店经营者也要注意技巧。因为商品的发布分为三次，因此，在使用橱窗推荐位的时候，网店经营者也要分三次使用。记住，第一批橱窗推荐第二批的商品，第二批推荐第三批的商品，而第三批推荐当然是第一批商品了。这样做的结果就是能够增加店铺中的每个商品的浏览量。打个比方说，就是当你第一批商品快结束的时候，那么在淘宝首页推荐中就是排在前面的，那自然而然橱窗推荐中的商品也就附带着排到了前面。夸大了说，那就是一周几天，只要你能按照这个方法做，店铺所有商品都能排在淘宝首页推荐的前面了。

而且商品分成三次还能够促使网店经营者更好地利用橱窗位置，不再为把哪些商品放在橱窗推荐中惆怅了。比如淘宝给新手的推荐一般是 5 个橱窗位置，橱窗推荐只对离商品结束时间 2 天以下可以用，那么，网店经营者在三次推荐中所运用的技巧，正好符合这点，这能够为店铺带来更高的流量和销量。

由上所述，只要网店经营者做到这两点，就能紧紧抓牢淘宝的首页推荐，合理利用这些免费的平台，保证店铺一直处于盈利中。

三、学会在淘宝搜索的“拉客”之道

很多的网店经营者都遇到过这样的问题，店铺是顺利开张了，但是店铺流量非常低，根本就没人来到自己的店铺。对于没有流量这个问题，绝大部分的网店经营者想当然地把原因归结为店铺信誉度太低，为了店铺的信誉度开始想方设法走捷径。而更多的网店经营者希望通过所谓的虚拟充值或者互刷来短期提高店铺信誉度，虽然能够对店铺短时间内起到一定的作用，但是这不仅浪费了大量的时间和金钱，同时对于网店的经营来说是非常不利的。

从2010年开始，淘宝已经开始展开一个非常强大的信誉度侦查系统，用这个系统来跟踪淘宝内所有的卖家们的交易路径和记录，甚至有的时候会动用“联带账号”交易跟踪多个维度指标，以此来作为依据判定店铺的交易记录，如果一个店铺真的是靠刷信誉来提高店铺的信誉的话，一经查出，店铺的信誉度除了会被“扣一罚二”外，店铺还会进入淘宝监察名单，也就是平常大家所说的“关黑盒子”。如果一个刚刚经营网店的经营者就被这样对待，那么这家店铺也就没有开下去的必要了。所以，网店经营者千万不要犯方向性错误，没人来自己的店铺很多时候并不仅仅只是信誉度低，而是网店经营者没有掌握到好的推广技巧，不懂得怎么去优化自己的店铺。

也许这么说，很多的网店经营者会觉得不可信。大家都知道淘宝是根据店铺的信誉度高低而给店铺排序的，也就是说只有店铺信誉度高了，排名才能靠前，才会有买家光临店铺。但是，大家不要忘了，现代的网络已经不是几年前的网络了，网店也是遍地了。而且淘宝有一条永远不变的理念，那就是时刻在改变。从2011年开始，淘宝对店铺加入了DSR评分体系，作为店铺从量变质的判定评估标准，利用誉度高低决定排名的时代已经一去不复返，淘宝现在更注重的是一个店铺的商品质量和服务质量，不信的话大家现在就可以打开自己的电脑上淘宝网，相信明确的事实更具有说服力。

当大家看完淘宝之后，就会发现，现在淘宝中信誉度低的店铺反倒排在了信誉度高的店铺的前面。由此可以看出，淘宝现在已经大幅度降低了店铺信誉度在店铺自然排序中的权重比例，利用店铺的自然排序来引导卖家们做好店铺内的优化和提高服务质量，以此来提高买家在购物时的体验度。淘宝的这次改革非常之大，对中小型卖家或淘宝大平台的长期健康发展都指明了一个方向。

为了能够让店铺在淘宝自然排序中更靠前，网店经营者要对淘宝的搜索调整做全面的解析，了解现在淘宝店铺的流量构成，从而学会在淘宝搜索中的“拉客”之道。

搜索流量进入——更高转化率——更多的回头客——更多的搜索流量，这是网店更好发展的一个正循环。

淘宝店铺的流量构成包括：

（一）搜索流量和搜索优化

搜索流量主要指通过淘宝搜索关键词，进入到商品页面的自然流量。因为这个流量一般都比较精准，最重要的是完全免费，因此，对于搜索流量的争夺一直都处于一种白热化的局面里。为了争夺到搜索流量，众多卖家不惜“头破血流”。

那么，怎么做才能保证自己的店铺争取到搜索流量呢？这就需要网店经营者做好淘宝的搜索优化。搜索优化全称为 Search Engine Optimization，即搜索引擎优化，很多时候被称为淘宝 SEO。淘宝作为一个商品搜索引擎，很多时候根据店铺的排名制定规则，也即指搜索引擎对卖家查询的关键词得到的结果进行评估和排名。网店经营者要根据这些规则制定出店铺的营销手段，为自己的店铺争取到更多的买家，从而让店铺获取盈利。而淘宝 SEO 是确定某一个关键词下商品如何排名的方法。说白了，就是买家在搜索“雪地靴”这个关键词的时候，哪家店铺有资格可以排第一，哪家店铺中的商品就可以排在首页。也就是说淘宝 SEO 流量=平均展现排名×商品平均点击率。因而，网店经营者要通过对公平、透明的搜索排序规则进行全面分析之后，让其为自己所用，为自己的店铺提供搜索流量。

（二）重视关键词和商品主图

在了解了搜索引擎之后，网店经营者要重视自己店铺中有关商品的标题优化，因为在优化的过程当中重视关键词和商品主图的挑选，才能够轻松破解搜索引擎优化的秘密，正所谓打好基础，是成功的一半。

当然，在填写标题中的关键词的时候，网店经营者是不能随意填写的，不能买家搜索什么多，就填写什么，还要结合自己店铺中商品的属性进行填写。试想一下，如果你是卖短袖的，但是买家对于连衣裙搜索的比较多，你就想当然地把连衣裙加入到自己的商品标题中，这样做，极有可能会被淘宝检查出违规而予以警告。

商品发布时，网店经营者需要对商品属性的填写仔细推敲，不能随意填写。因为现在的淘宝搜索会提取商品的重要属性信息参与排序。所以当商品的属性填写与标题有冲突时，淘宝依旧会对卖家做出惩罚，轻则降权，重则屏蔽或者扣分。

当标题优化完成之后，网店经营者还要做好主图的选择和排版。因为好的标题优化吸引买家进入店铺之后，想要让其尽可能地在店铺中停留的话，需要网店中有足够吸引的商品主图。试想一下，一个完美展示商品的主图再加上低廉的价格，每一个买家都会升起购买欲。因而，网店经营者要做好商品主图的选择，如果不知道如何设置主图，完全可以在网站、网店、淘宝客必备相同的标题下进行测试，最终得出点击率高的图，即可设置为自己店铺中商品主图。

（三）客服要得体到位

当搜索优化和商品主图选择以及标题优化都已经做到完善了，接下来网店经营者就需要让店铺的客服人员拥有得体到位的服务。对于现在的淘宝来说，店铺的服务好坏，已经越来越多地影响到搜索权重了。店铺的服务包括：商品的质量、客服在线率、客服回复买家问题的速度，商品出现问题之后的退款率和纠纷解决率，店铺的退款速度和物流速度等。网店经营者只要在这些方面把服务做到位，那么利润的获得就指日可待了。

四、商品详情页完美设计，搜索排行更靠前

为了能够更好地利用免费平台，为店铺迎来更多的买家光临，促使订单率上升。网店经营者要对店铺中的商品详情页进行非常好的设计，以促成店铺在搜索排行中更靠前，那么，商品详情页如何设计才能提高店铺转化率呢？

相信各位网店经营者们一开始都会遇到这样的情况：流量是有了，但是交易量却迟迟提不上去，网店的经营依旧没有任何起色。那么如何去提高转化率呢？其实最简单的方法就是从商品的详情页入手，只要商品详情页中的设计能够激起买家的购买欲，那么成单也就简单多了。

如何激起买家的购买欲？就需要网店经营者做到三点：

（一）尽可能展现商品，让买家了解商品详情

对于买家来说，只有在详细了解了商品之后，才会生出是否购买的心思。因此，网店经营者想要提升店铺的转化率，第一步应着重设计自己店铺中的商品详情页。买家为什么会点击进入你的商品页面，这是网店优化商品详情页首要考虑的一个问题。试想一下，如果你是买家，你为什么会购买某样商品，是因为图片吸引人，还是价格便宜，抑或是商品有趣，总之不管是何种理由，归根结底就是商品详情页足够吸引你的眼球。也就是说，想要提高店铺的转化率，一定要在商品的详情页有可以吸引到买家眼球的点。如果商品图片比较吸引买家，网店经营者应尽最大可能把商品的照片拍得很漂亮，同时在宝贝详情页的最前面放上商品的大图，包括细节图、模特图等，从不同的角度展示商品的详情。总之，要让买家的兴趣始终保持在商品的图

片上，只有这样做才能促使买家在店铺中购物，交易顺利达成。

同类，如果买家被吸引到店铺中的原因是因为价格，那么网店经营者在商品描述的最前面一定要宣传自己店铺中的商品是如何的优惠，包括展示竞争对手的价格，以及自己店铺中商品之前的价格和现在价格的一个比较，再标明优惠信息和优惠的时间。优惠的信息能够让买家把目光停留在店铺商品的详情页上，而优惠的时间限制会让买家产生“再不买就会涨价”的心理，从而让买家下定购买的决心，促使交易顺利达成。

宝贝详情页的第一要素是让买家了解商品，要让买家对自己的商品产生浓厚的兴趣，从而发掘出买家的关注点，应在商品描述中让买家的关注一直延续，只要能够做到这一点，买家就不会轻易关掉商品页面了，交易达成也就不远了。

（二）让买家相信商品

当买家对店铺的商品产生一定兴趣之后，网店经营者此时要让买家感受到商品的使用度，也就是说让买家感受到商品是真的好用，如果没有让买家产生这样一种认知，那么当店铺商品在买家的心中处于可不可信时，买家在思索之后，绝大部分会就此放弃而改去别的店铺了。

因此通过延续买家的兴趣，把第一部分商品描述做好。下一步是让买家相信自己的店铺。此时，商品的描述需要包含两个要点：商品的细节图或特色图，别的买家对商品的评价，这两点能够打消买家对店铺的戒备心理。

在商品详情页中，网店经营者再加上商品的细节图或实拍图，以及对比别的店铺中的同类商品，突出显示自己商品的特色和优点，让买家相信只有这家店铺中的商品才是最好的、最适合自己。为了进一步取得卖家的信任，网店经营者还需要在商品详情页上放上之前在店铺中购物的买家给出的评价。大家在平常的购物中，都喜欢参考别人的意见，尤其是买过此商品人的意见，相信这招能够收获到大部分买家的心。

当然，除了这一点之外，店铺的信誉也应进行一个展示，包括消保、7天包退等，只有在商品详情页把这些因素都展示出来，才能让买家相信自己的店铺，从而在店铺中购物。

（三）利用小手段促使交易达成

买家看上你店里的商品了，也相信店铺了，但就是不下单，只是收藏了店铺或者商品，在这种时刻，就需要网店经营者在商品详情页中加入各种小手段，促使买家立即下单。

网店经营者可以在商品的详情页的最后放上限时打折、换季狂甩等字样，让买家产生一种“过了这个村就没这个店”的心理，从而内心深处生起一种紧迫感，产生一种“买到就是赚到”的兴奋之情。当然，也可以放上包邮或送小礼物、换购包邮等小优惠手段，这样做不仅能够促进交易达成，而且能有效带动店铺中其他商品的销量。同时，为了能够更好地提升店铺的转化率，网店经营者在商品详情页中可以放上促销的搭配套餐，也就是买得越多越便宜。给买家营造一种只要我多买就能占便宜的氛围，这样的话，会直接刺激到买家的购买欲，让其在店铺中久久不想离去，买了一件之后还想再买另一件。

至此，网店的商品详情页的设计基本就算完工了。只要网店经营者能够根据这三点，再进一步地优化自己店铺中的商品详情页，那就不愁流量和订单了，同时在淘宝中搜索排行也会更加靠前。

盈利策略6　如何运营直通车，降低亏钱风险

一、直通车，打响销售前奏

直通车，实际上就是网店经营者花钱买来的搜索排名流量，是比较费钱的一种推广方式，相比其他推广方式来说，直通车虽然比较好用，但是同时也比较费钱，那么如何运营直通车，才能够做到降低亏钱的风险设置呢？

这需要网店经营者先仔细观察自己店铺的流量来源图，从中分析出什么时间段或者发布什么商品，抑或是做什么促销活动的时候，店铺的流量会比较高，因此总结出什么样的推广方式比较合算。怎样利用直通车打造网点销售的前奏，需要网店经营者做好功课。

直通车推广既然那么烧钱，那么网店经营者就要精炼自己的运用手段。就像是对于开车的车手来说车比较烧钱，那么就要通过提高自己的开车技巧，让车烧最少的钱，开出最远的路。也就是说，网店经营者要花最少的钱在直通车上，然后获得最多的销售量。要想做到这一点，需要网店经营者将直通车各个影响要素分开进行分析。

（一）分析直通车关键词的选择

在网店的经营过程中，关键词的选择就非常重要，因此，对于直通车中

的关键词选择，网店经营者要更加的重视。这样才便于分析和看到准确的数据。例如以连衣裙为例，网店经营者在添加关键词的时候，要去淘宝中搜索所有与连衣裙沾边的下拉词，并全部添加到标题中，同时还要加上一些品牌词，剩下的就是用直通车推荐的关键词，根据商品的属性选择匹配的填进来，最后就是淘宝首页的 8 大关键词，有匹配的就拿来用，没有就算了。

网店经营者要始终记住这一点：关键词不在多，最重要的是质量，不要贪多，不是所有的关键词都适合用在自己的商品中。多则 10~20 个，少则 4~5 个好的关键词，就能在推广中占据优势。

（二）分析类目和定向问题

首先来看类目。类目要与商品匹配好，商品的类目决定了网店经营者能在类目中拿到多少流量。因此，商品的归类显得尤其重要，归类没归好会直接导致商品流量偏低。

其次看定向问题。定向网店经营者也必须对其进行独立的分析，因为定向的图片大小是 160PPi 的，旺旺焦点的位置还小，才 95PPi。素材已经很不好把握了，而且其不能显示折扣价，主要原因是直通车可以定向行业同款类目商品，因此，网店经营者的推广图片要突出店铺中商品的价值。因为买家很容易看到类似款，为什么要点你的呢？这个理由需要网店经营者给出，并且要保证其具有一定的合理性。

以上两类是直通车基础的操作技巧。直通车效果如何，还要通过店铺的点击率来证明。那么网店的点击率都会受到哪些因素影响？

（1）直通车推广标题和关键词的匹配问题。直通车的推广标语在生活中经常被称为广告语。为了能够更好地设置直通车的推广标题，网店经营者要做到创新和抓人眼球。也就是说如果你推广的是连衣裙，不管是中长款连衣裙还是短款连衣裙，在你的广告语中只需带一个必须包含的关键词就行了。这样做，你的标题就会被标红，从而达到吸引买家注意的目的。当然，只是吸引过来还不算结束，吸引过来之后，网店经营者要确保自己店铺中其他广告语句能够让买家看了之后就产生购买的欲望。

在直通车推广标题中，关键词的匹配问题非常重要。因为只需要设置一个关键词，对于一般的卖家来说，在没有大促的情况下，最好还是选用精准匹配之后的词，这样才能快速提高网店的点击率和转化率。

（2）设置要合理，图片要清晰。网店经营者在设置商品直通车中的关键词时，一定要做到合理，也就是说，要诚实地去设置，不能投机取巧。比如说，不能明明是宽松的款式非要投放修身的关键词，衣服主图的颜色明明是绿色非要投放带红色的关键词等，切记不能这么漫不经心和随心所欲。要知道如果有不匹配的关键词出现，那么就不会有买家相信这样的店铺，岂不是偷鸡不成蚀把米，自作自受了吗？因此，网店经营者在设置的时候，一定要做到合理化，匹配度一定要高。

而且图片的选择也不能掉以轻心，图片是核心，图片基本决定了网店流量入口的量，因此，图片一定要符合网店的整体推广计划。而且网店经营者切记要注意图片的差异化。试想一下，淘宝都是同样的素材，买家为什么要点你的店铺？网店经营者要保证至少在自己想要投放位置的周围没有同质化的情况出现。当然，如果你是准备利用投放来打击对手的话，则另当别论了。这个时候就可以和他同质化，用较低的价格或者优势把流量都拉到自己的店铺中来。

（3）广告展示位的投放要时刻注意。网店经营者在观看实际的广告展示位时，只需要点击自己投放的关键词就会弹出流量解析的页面，把这个页面拉到底，就能清晰地看到自己商品正确的投放位置。一般黄金位置都是不错的，不过并不是只要把广告投放在黄金位置就完工了，在搜索点击率随排名变化的图片时，黄金位置的商品也会出现变动。因此，为了能够让自己的商品一直保持在这些黄金位置上，为了保证店铺的点击率一直处于稳定的状态，需要网店经营者经常关注，特别是在黄金时间。

只要做到这些，销售前奏就做得很好了，网店的流量和销量就不用担心了。

二、两种方法，提高直通车点击率

网店经营者们都知道，质量分是控制直通车推广成本的唯一要素，那么，怎么做才能快速提高直通车关键词的点击率，提高直通车的产出呢？要知道点击率是评定商品对于客户群体的吸引力度和商品在市场中受欢迎程度的重要指标之一。而直通车点击率的好坏是直接影响商品质量得分的关键性因素，这需要网店经营者理解明确点击率的价值。

因为，不管是从买家的角度来讲，还是从卖家的角度出发，点击率都是必须要重视的一个点。对于买家来说，点击最多的商品，通常也是市场中比较受青睐和欢迎的商品。这类商品也能更吸引买家的目光，激发其购买欲望。点击率更高的商品无疑是最大化接近买家需求的商品。而对于卖家来说，点击率高会使得商品的质量得分有所提升，从而降低其在推广上付出的成本，点击率高也从侧面佐证了店铺中的商品在市场中受欢迎的程度，在一定程度上也能够为店铺带来更多的转化。因此，网店经营者通过何种方法来优化提高直通车的点击率呢？

（一）视觉吸“睛”法

视觉吸“睛”法，说白了就是利用视觉冲突，让买家对自己店铺的商品产生兴趣。那通过什么才能给买家造成这样的视觉冲突效果呢？很简单，就是利用商品的图片。因为视觉的图片是买家接触店铺中商品所能接收到的最重要，也是最核心的功能。商品图片最大的功能是要在第一时间传递给买家的一个信息，以博取其好感。那么，在对商品的图片进行处理的过程当中，网店经营者要考虑到图片的背景怎样、拼接怎样、模特怎样、文字怎样等这些问题，以保证商品的图片能够以最完美的形象出现在买家的眼前，争取到买家的第一好感。这个第一好感决定了买家是否会点击你店铺中的商品，虽然只是短短几秒钟判断出来的结果，但这会直接影响到买家对商品的购买行为。

也就是说，网店经营者在对商品进入直通车的时候，一定要多关注商品的图片问题，只有确保商品的图片能够在第一时间吸引到买家的眼球，才能确保其进入到店铺中购物。当然，当第一眼好感过去之后，网店经营者在商品的描述中也要创新和出奇，以保证买家在店铺中停留足够长的时间，促使交易顺利达成。

（二）数据提升法

众所周知，点击率=点击量/展现量。从这个公式中不难看出，要提高账户的整体点击率有两个办法，其中一个是加大分子，减小分母。也就是增大点击量，减小展现量，但是这样就会让卖家在直通车中的商品展出见效，不利于利润的获得。因此，最好还是选择增大分母，也就是提高有效展现来实现点击率，毕竟展现后被点击的概率会很大。这种情况被称为有效展现。

也就是说，网店经营者在使用直通车的时候，要尽可能地展现自己店铺的商品，只有多展示，被点击的概率才会更大，则点击率自然而然也就上升了。

三、精准词运用得当，驾驭直通车排名

正常情况下，直通车推广带来的流量是网店经营者使用其他推广工具和方法都无法比拟的。如何用直通车推广自己的店铺和商品呢。其实运用的道理是利用淘宝搜索规则将自己的商品和店铺排在搜索结果的前面。简单地说，就是花钱买关键词。只要付出了足够的金钱，就能收到相应的回报。

但是对于网店经营中的中小卖家来说，是没有那么多的金钱来挥霍的。因而只有通过精准词的运用得当，才能驾驭直通车排名靠前。而关键词，带来的买家是网店经营者自己所预想的精准客户，是高转化率的客户，但是因

此而带来的展现量也是非常有限的。类目出价和定向推广出价是能够带来大量展现量的，但是其付出的金钱也是可观的，因此，网店经营者要做的是对精准词有一个非常合适的把握，能够轻松运用，只有这样，才能保证自己所驾驭的直通车排名靠前。

淘宝直通车推广经验所展现的直通车排名靠前的方法相信大家都知道，以前都是按照下架时间单向前排名，目前是综合店铺的所有指标进行排名，影响排名靠前的因素包括下架时间、橱窗引荐、掌柜引荐，以及商品的销量、收藏数、浏览量以及店铺的评分等。而网店经营者要想让自己店铺的商品排名靠前，首先要确保商品有没有被淘宝屏蔽，测试方法很简单，复制商品的整个标题去淘宝首页搜索一下，假如能够搜索到，说明商品的运营正常。

试验这个是为了避免店铺因为不知不觉间违规，在进行商品标题优化的时候乱用关键词，还有就是商品被放错了类目，这些都可能会造成商品被屏蔽。因此，这点一定要注意，不仅要搜索到，还要看到其排序。

从中不难看出，精准词的运用是多么的重要，一个好的标题，是以买家的搜索商品的习惯和常用的关键词，再结合淘宝的搜索规则而设定的。不过不少的卖家是把整个标题设定成一个关键词去实施的，这种做法是不对的。实际上直通车的关键词是需要精确查找的，而标题上的关键词则是模糊查找的。举个例子，我们在淘宝首页搜索商品的，输入 T 恤圆领，能够按照这个顺序陈列的任何包含这四个字的标题，比如 XXT 恤、XX 圆领、圆领 T 恤等。标题中所显示的是两个关键词，因此只要同时出现这两个关键词的商品就都会搜到，但是假设这两个词中间没有空格，那么它就变成了一个关键词：T 恤圆领，一个长尾关键词，它只能够搜到包含这个“T 恤圆领”关键词的商品，但是其不再能搜索到包含这个“圆领 T 恤”等关键词的商品。也就是说，网店经营者要想买家能够同时搜到陈列不同的商品，需要其在设定关键词的时候精准到位。

为了更好地推动直通车排名靠前，网店经营者在选择关键词的时候应多用独立的关键词，不要把整个标题变成一个长尾关键词，尽量用完 30 个关键词，让更多的买家搜到自己的商品，带来更多的流量。但是流量并不等同于成单量。因此，网店经营者要认真钻研每个关键词，尽量用这个商品搜索最多的关键词作为自己商品的关键词，按照买家的搜索习惯组合成标题，如此才会让买家非常轻松地就找到自己店铺中的商品。而且淘宝对于每一个行业，都会给予不少特定的快捷入口，如收藏入口，假如收藏排名行业前三的，会引荐在最前面。买家在后台还会看到不少的便民入口，是某些类目商品的快捷入口，淘宝首页宝贝搜索类目下，也有不少特定的入口。试想一下，假如买家能够在特定的入口找到适合自己的商品，那么，不少买家就会点击进去，网店经营者的商品在这个特定的入口中就能够排名最前。这个对一些小卖家来说非常有效，只要找到一个市场的空洞，自己进去了，就能占领这个市场。这些入口，网店经营者都应去钻研。

当然，最重要的一点是尽最大可能避免被处罚，保证商品正常的排名。同时要最大限度地用好标题，让店铺的商品在直通车中的排名靠前，为店铺带来流量和销量。

四、妙用直通车，让点击率飙升

淘宝直通车最大的功用是帮助淘宝卖家推广网店和淘宝商品，这对于众多的卖家来说都十分清楚，但是，除了这一点，淘宝直通车还有其他的功能。要知道，直通车只是一个工具，有的卖家用起来游刃有余，有的卖家对其却无从下手，它能够展现出何种效果，取决于使用它的人是不是全身心地去研究它和实践它，只要能够做到巧妙运用直通车，网店经营者就会发现它的作用不只是推广，可以指挥自己左冲右突，并反射店铺中商品的缺陷。网店经营者只有让直通车发挥出其他的功能，才能让自己店铺中的商品点击率一路飙升。

（一）直通车能够让卖家明确自身的优劣势

俗话说得好，知己知彼，才能百战不殆。如果网店经营者不去揣摩直通车，不去研究它的规律，那就不要选择直通车，因为这真的就等于是在烧钱，还是那种烧钱之后也收获不到自己想要结果的烧钱。因此，网店经营者在选用直通车之后，一定要研究和揣摩，要了解自己商品的关键词设在第几位，排名比自己靠前的、和自己是否拥有共同商品的群体。如果有共同的群体，那么自己店铺中的商品在价格和质量上是否具有优势。如果价格和质量不具备优势，就要查看自己店铺中的商品是否有信誉和评价的优势。只有了解了这些之后，网店经营者才知道自己应该怎么做，才能扬长避短地击败对手，如丰富自己的商品描述，或是降低商品价格，同样的商品比价格，同样的价格比质量。总之，不管利用什么手段，都要突出自己店铺中商品的特点，才可以迎来更多的订单。

（二）直通车可以帮忙设置商品标题

很多新手卖家，在经营网店的过程当中，往往不知道自家商品的标题应该使用哪些关键词，如果设置了这些关键词，被搜索的概率有多大，怎样设置出被搜索概率大的关键词。这些只要网店经营者能够巧妙运用直通车，问题便迎刃而解。网店经营者可以在直通车添加关键词里点击相关词查询，输入和自己的商品最贴近的关键词，可搜索到很多的相关词，这些关键词都标注有搜索量，网店经营者只需要挑拣出搜索量高的词，添加在自己的标题里，买家就会搜索到自己的商品，流量就更不用担心了。

（三）直通车能够指导卖家制定出战略战术

也就是说，网店经营者可以把自己想要推广的商品拿到直通车上称量一下，看其是否能进行推广。比如说，假设卖家店铺中有一款适用于消灭粉刺的商品，网店经营者就可以把它加入到直通车推广中，通过设定关键词，就会发现其适不适合在直通车中进行推广，如果不合适，就可以当机立断，把它拿了下来，转移阵地，利用其他的工具进行推广。

这样不仅能够节约网店经营者选择商品的时间，而且能够更好地做好店铺的推广工作。

（四）直通车能够让卖家明确商品的上架时间和节省运费

在直通车中，网店经营者点击时段报表，就可以看到自己商品的关键词在哪个时间段被人点击的次数最多，人气最旺。这样，综合几天的数据，网店经营者就有充足的设置自己的商品上架的时间了，以及其在直通车中的投放时间，可为网店经营者省下很多的时间和金钱。

直通车还能够为网店经营者省下一笔不小的运费，因为在网络购物急速发展的今天。快递费天天在提价，这对于很多的中小卖家来说无异于雪上加霜，那么怎么做才能节省这部分费用呢？这需要网店经营者在设置投放地域的时候，不要设置多个省份，先通过直通车了解自己店铺中的商品购买概率比较高和比较低的地区，明确了这一点之后再进行设置，就能够为店铺节省下一笔不小的运费。

由上可知，只要网店经营者能够学会妙用直通车，就能保证自己店铺的点击率一路飙升。

盈利策略7　怎样轻松玩转“淘宝客”

一、卖家必知的“淘宝客”推广

互联网越来越普及的今天，人们的生活越来越简单快捷，因为互联网拥有着广阔的笼罩范围与方便快捷的特征，因此，现代社会的人们可以坐在家中购物，也可以坐在家中赚钱。

也因此，更多的人群加入到了开网店的长河中。网上开店变得越来越火，自然而然就生出了许多立足于为网店推广，从而帮助网店实现盈利的职业，这种职业就叫作“淘宝客”。

大家平常口中常说的“淘宝客”是指这些能够帮助网店经营者推广商品，从中赚取佣金的人。要知道“淘宝客”们无须投入成本，无须承担风险，只要获取商品的推广链接，让买家通过商品的推广链接进入淘宝店铺购买商品并确认付款，网店经营者就会支付“淘宝客”们一定的佣金，最高佣金达商品成交额的一半，可谓回报优厚。

对于网店经营者来说，利用 “淘宝客”做推广，是一种非常不错的推广手段，因为给“淘宝客”支付佣金报酬必须是在成交后，并且网店经营者只需要拿出额外获得利润的一小部分支付给“淘宝客”即可。所以这算是一种比较廉价与相对安全的推广模式。

那么网店经营者该如何做“淘宝客”推广呢?

我们先来简单看一下“淘宝客”推广的流程。

“淘宝客”们一般会在聊天室、论坛、博客、个人网站或使用其他方式，但他们首先要从淘宝联盟获得网店经营者设置的推广商品的链接，然后才能做推广。买家通过点击这些广告链接，如果顺利完成交易，淘宝将会把店主之前承诺的一定佣金数额直接转给“淘宝客”，直至最终所有交易完成。

使用“淘宝客”推广，可以使网店经营者店铺商品的广告无处不在地遍布互联网，大大拓宽了网店经营者的潜在客户人群，增加了商品的出售机会，更好地为网店经营者的店铺增加利润。

（一）进入淘宝后台

首先登录进入淘宝后台，找到“营销中心”栏，单击栏中的“我要推广”，进入推广服务页面。然后单击“淘宝客”推广区域中的“马上进入”按钮。

（二）进入“淘宝掌柜”

进入到“淘宝掌柜”推广类目佣金设置页面。为了方便将来“淘宝客”可以通过类目搜索，更容易找到网店所推广的商品，店主需要在这里选择好产品所在的类目。

（三）设置佣金

单击最右侧“修改佣金比例”中的“修改”来设置你所愿意付出的佣金比例，但是行有行规，网店经营者也不能太吝啬，“淘宝客”们的佣金比率一般是限制在 15%~50%。填好设置的佣金比例后，单击底部的“保存”按钮即可，这就完成了类目佣金的设置了。

（四）设置主推商品

做完以上的事情以后，网店经营者还需要单独设置店铺的主推商品，因为只有设置好这个部分，“淘宝客”才能看见网店经营者想要推广什么产品。

但是店铺的其他产品“淘宝客”们是看不到的，且主推商品最多只能有 30 件，所以网店经营者可以把店里热卖的商品推上去，提高佣金比率。

（五）新增主推商品

单击“新建主推商品”按钮，进入到“新增主推商品”这一页面，在“新增主推商品”页面选择好需要推广的商品之后，单击“下一步，设置佣金比率”按钮。

打开此页面之后，可在“佣金比率设置”页面中，根据网店经营者的实际情况分别输入愿意为每个商品付出的佣金额度。如果有特别推广的商品，网店经营者可以适当把佣金设高一些。

完成后，单击底部的“下一步：设置完成”按钮。

（六）设置完成

设置完成以后，系统将自动进入到管理主推商品的页面。在这里，店主可以看到所有已经设置好的推广商品，如果店主觉得产品选择或者佣金比率设置得不合适，还可以做删除或者修改。

若网店经营者想要知道“淘宝客”的推广成交情况，也可以单击“交易查询”按钮，进入到交易查询页面，设置好查询时间，这样网店经营者就可以随时地查询到想要知道的情况了。

假如网店经营者觉得没有必要做“淘宝客”推广了，也可以直接退出此服务项。只要单击最右边的“退出淘宝客”推广按钮，进入退出“淘宝客”推广页面，再继续单击“确定”按钮，即可完成退出的操作。但是网店经营者一旦退出申请提交，那在未来的 15 天内都不能再次参加“淘宝客”推广了。

虽然“淘宝客”推广看起来就是上述所说的简简单单的几个步骤，但是网店经营者想要更好地利用“淘宝客”这个工具为店铺创造更高效益的话就没有这么简单了，在推广过程中，网店经营者还要遵守以下几个推广的法则。

（1）推广好的产品。因为主推商品最多只能有 30 件，可以算是机会难得，所以网店经营者最好不要推广那些你卖不出去的产品，因为如果商品一直销量都不好，那么就算你设置再高的佣金也没有用，“淘宝客”们还是很难有兴趣做推广。就算“淘宝客”勉为其难做推广了，这件商品也很难卖出去，只是白白浪费了一次推广机会罢了。

但是如果推广那些热销品的话，不但可以吸引更多的“淘宝客”推广你的店铺，还可以积累销量。“马太效应”不仅仅适用于现实生活中，在互联网世界中也是强者越强、弱者越弱。如果产品的销量已经非常好，那么接下来的销售情况一定会更好。

（2）整理已推产品。在做“淘宝客”推广的时候，店主还需要经常整理已经推广的商品。每隔一段时间要更新已经不再出售的商品，并且还要根据推广效果和季节周期等因素对商品随时进行调整。

（3）宣传推广服务。“淘宝客”推广与现实生活中的网店经营者们的宣传活动是一个性质，已经使用“淘宝客”推广这种宣传手段的网店经营者非常多，网店经营者要让自己的产品在如此众多的宣传中脱颖而出则非常重要。如果店主只是设置好推广的几个产品就撒手不管，可能多多少少会带来一些成交量，但是如果想要更好的销售业绩，这种做法还远远达不到，网店经营者还需要多宣传自己。因为现在的商品种类繁多，买家们不怕买不到好商品，早已经不是“酒香不怕巷子深”的年代了，就算你产品质量非常好，销量非常好，佣金比率也设得非常高，但是没有人知道还是没有用的。

网店经营者可以发宣传帖去招募“淘宝客”，当然首选淘宝联盟社区，首先登录进入到淘宝联盟社区首页，单击顶部导航栏中的“淘宝客”按钮。然后进入到“淘宝客”推广区，可以看到很多的招募“淘宝客”的广告帖。

在“淘宝客”推广区，广告帖是被允许的。所以，网店经营者可以在这里发宣传帖开始推广。网店经营者在这里发帖推广的时候，需要在标题和商品详情中使用一些吸引人的文字以让更多的“淘宝客”关注。帖子需要让“淘宝客”能轻松看出产品的优势和信誉，还要强调产品的热卖程度和佣金比率的巨大优势。

如果在后期，网店经营者的“淘宝客”推广已经做得趋于成熟了，为了给“淘宝客”们一个更直观的感觉，增强“淘宝客”们的动力，还可以贴上推广效果截图，或者还可以根据自己产品的特点撰写帖子。

(4) 奖励“淘宝客”。为了增强“淘宝客”们的工作积极性，网店经营者还可以给予那些推广做得好的“淘宝客”们一些奖励，这样能让他们长期保持高昂的斗志，更加努力地为自己工作。比如，推广产品的“淘宝客”们将你的产品推广到一定的销量，网店经营者可以额外奖励一些现金或者纪念品。

如果网店经营者们可以巧妙运用“淘宝客”推广，可为网店扩大买家群。

二、分析流量来源，让自己在搜索排名不落后

想要轻松玩转“淘宝客”，网店经营者首先要做到的是了解在淘宝中经营网店时所获取流量的来源。据调查发现，淘宝网店自然搜索流量占据了淘宝网店流量的90%，也就是说，只要网店经营者能够掌握住自然搜索流量的规则，吸引自然搜索流量到自己的店铺中来，那么店铺在搜索排名中就会占据比较靠前的位置。所以对于每个网店经营者来说，提高自然搜索流量是引流入网店的重中之重，尤其是对于一些中小卖家来说，这一点是至关重要的。那么，如何提高自然搜索流量，让自己的店铺在搜索排名中不落后呢？

需要网店经营者明确以下几点：

（一）淘宝自然搜索流量包含因素

网店经营者们都明确了淘宝自然搜索流量对于店铺的重要性，那么为了能够更好地引入自然搜索流量到店铺中，网店经营者要明确以下几个因素：

（1）有效关键词数量。根据排列组合原理，30 个关键词组成的标题有着几十亿种被搜索的可能。但是在淘宝中有效关键词不多，并且还有个规定：全网每日搜索量在 100 次以上的关键词才能被称为有效关键词。也就是说，网店经营者首先要考虑到商品标题中的关键词的绝对搜索量。只有保证了绝对搜索量才能打好引流的基础。

关键词的选择绝对是自然搜索量的起点和根本。如果网店经营者在商品的标题中使用的是没有搜索量的关键词，那么其展现量和点击率一定同时为 0。只有保证了关键词确实有搜索到的可能，市场确实有需求的前提下，才可以启用该关键词，这种关键词被称为有效关键词。所以，网店经营者千万不要“自造”关键词，这样做，不仅不能够引来搜索流量，不能提高店铺的转化率，同时也会让网店出现亏本。

（2）关键词展现量。在网店的经营过程当中，对于某个特定关键词，网店经营者还要考虑其可能出现的展现量。比如“长裙女”的单日搜索量为 12 万次，那么处于自然搜索的每一页以及每一个位置的展现量肯定有着非常显著的不同。要知道，想要吸引到买家，最好的位置一般是每页前几行的位置。而关键词的搜索量决定了关键词的总展现量，商品的所处位置决定了其被展现的概率。因此，网店经营者要切记，只有先保证能够被搜索到，才能保证商品一定会被展现。只有展现出来才能被买家看到，才有成交的可能。有展现才能有点击，只有买家有点击，店铺才会有流量。

因此，网店经营者要切记在使用关键词的时候不要选用宽泛词，这样会造成店铺商品在搜索排名中没有任何排名，如若没有排名，那也就没有任何展现的机会。为了保证商品有绝对的展现机会，需要网店经营者在选择关键词的时候仔细琢磨，慢慢调试。总之，如果商品不能被买家看到，那么一切都是零。展现量的本质就是排名。在保证关键词绝对搜索量的前提下，有排名就有展现，没排名就没展现；排名高展现就多，排名低展现就少。

（3）点击率。除了关键词的选择和商品的展现，网店经营者还要考虑到商品的点击率这个因素。因为只是吸引到买家，不能引起其兴趣进店铺，那么还是失败的，店铺的流量也不会增加。点击是形成流量的重要条件。

因此，网店经营者一定要保证自己的所作所为能够吸引到买家进入到店铺中，也就是要提高店铺的点击率，只有点击率提高了，流量才会随之增长。

综上所述，自然搜索流量的公式是：自然搜索流量=展现量×点击率。这个公式是流量的万能公式，适合任何形式的流量。任何形式的推广，它都适用，并且能够起到非常好的作用。

（二）自然搜索流量的来源

自然搜索流量主要有两个来源，即搜索框搜索和类目搜索。这两个搜索在自然搜索流量中所占的比例分别为60%和40%。

（1）搜索框搜索流量。打开淘宝网进入之后，大家都可以看到淘宝的第一屏搜索框，那么既然是放在第一屏，自然是有很多流量供众多卖家获取的。同时换位思考，如果你是淘宝搜索的设计者，那么你会把什么放在淘宝的首页呢？当然是自然流量大、点击高、方便买家快速找到自己喜欢的商品等，那么淘宝的搜索框如何满足这样的要求呢？

众所周知，搜索引擎的设计目的是为了方便买家快速找到自己喜欢的商品，那么换种说法也就是说，买家需求的改变会造成搜索引擎的改变。淘宝非常关注这样一个指标：淘宝搜索无结果率。为什么说这个指标很重要，因为无结果就没有点击率，没有点击率也就没有了流量。

因此，针对这个问题的出现，淘宝方面做出了改进，那就是对详情页进入索引。也就是说，排行榜的时候所反映出的是买家的需求改变，所以这个时候，网店经营者就会发现其实有很多商机等待众多的卖家去发现。

网店经营者主要是对自己商品的标题进行优化，那么如何优化标题呢？

其实优化标题，也就是优化标题中的关键词，以保证这些关键词是有效的关键词。那么如何优化关键词要懂得这几点：怎样去找？在哪里找？找什么样的？找到了该如何去组合？组合了之后又该怎样优化？只有这些问题都得到了解决，标题优化才算是完成。只有标题优化比较完美，才能保证店铺能够留住搜索框搜索流量。

（2）类目搜索流量。类目搜索流量要求网店经营者对自己店铺所经营的商品有非常清晰的分类。也就是说，只要能够保证商品的分类准确清晰，就能在买家对一个类目的商品进行搜索的时候，清晰地展现在买家的面前，为增加店铺的流量做好充足的准备。

网店经营者在分析出流量的来源之后，如做好充足准备，那么就能让自己的店铺在搜索排名中占据靠前的位置，为店铺带来可观的流量。

三、"淘宝客"免费引流技巧实操

淘宝屏蔽百度，是马云的一种策略，这样做最大的一条好处就是催生出一大部分"淘宝客"，只要网店经营者能够巧妙利用中小"淘宝客"推广自己的店铺，店铺就能够轻松获取收益，而"淘宝客"也能够获得自己想要的提成。这对于想要利用别人的流量来赚钱的网店经营者来说是一个非常不错的选择。

因此，为了能够更好地运用"淘宝客"，网店经营者要熟悉"淘宝客"的推广方式。"淘宝客"的推广是一种按成交计费的推广模式，相比淘宝的直通车的点击付费模式更机动灵活，而且"淘宝客"的推广能够做到为卖家量身定制般精准推广营销。

很多的网店经营者往往会有这样一个错误的认知：只要把自己店铺商品的佣金设置得很高，就会获得很多流量。然而，很多网店经营者也会发现当自己把"淘宝客"佣金设置得很高的时候，还是会有流量很少的情况出现，对于这种现象，网店经营者要如何解决呢?

这就需要网店经营者了解"淘宝客"的运作方式，"淘宝客"无论价格高低，都有着相对应的客户群。"淘宝客"最终的任务就是找出相对应的客户群进行投放。只要网店经营者能够用心做好自己的店铺，维护好"淘宝客"的利益，那么就会有"淘宝客"愿意与其共同谋求发展的。

(一) 运用“淘宝客”计划

为了能够更好地吸引到“淘宝客”，为自己的店铺进行宣传和推广，网店经营者首先要学会运用“淘宝客”计划。也就是说，当“淘宝客”开通后，其就会获取默认的一种推广计划，只需要设置好商品的佣金和店铺佣金。任何网店经营者只要想推广，都能获取这个推广计划的权限。自从媒体曝光了浏览器和返利网通过一些途径盗取客户佣金的事情之后，大部分网店经营者把通用计划的佣金调低了不少。但是这样做也产生了非常不好的影响。因为佣金降低了，“淘宝客”在推广商品时，都是按照佣金高低排序的，这造成了在其中可能看不到你的店铺。而且佣金过低，也会让一直帮助店铺做推广的“淘宝客”流失。

因此，网店经营者要明白这样一点：佣金可以调，但是应根据后台的成交数据和浏览器劫持的流量成交等信息，综合分析利弊后再对佣金的设置进行调整。只有这样，才能保证“淘宝客”一直都能尽心尽力地帮助店铺推广。

而“淘宝客”在对店铺进行推广的时候最常用的两种方式是利用淘客群和定向推广计划。

淘客群包含了两种推广计划，即服饰精品群和天天 9 块 9。能够加入到服饰精品群的类目只有男装/流行男鞋/女装/女士精品/女鞋，商品个数不能超过 5 个，佣金比例需要大于或等于 10%。能够加入到天天 9 块 9 条件包括：商品价格必须低于或等于 9.9 元；佣金比例需要大于或等于 5%；推广数量不能超过 2 件。如果网店加入到了淘客群的推广方式中，那么在加入之后，网店经营者就可以做甩手掌柜了，因为其对于优质商品和高佣金的商品来说要受欢迎些。

而定向推广计划是指网店经营者可以选择人工审核“淘宝客”，选择是否公开计划，审核通过后“淘宝客”才可以推广，该计划最大的特点是比较灵活，也是作为针对大淘客和维护长期合作的“淘宝客”而开展的计划。定向推广计划是由网店经营者自己自定义的计划，这个计划可以选择公开或者不公开，也可以选择需要审核或者不需要审核，这样可以成功避免浏览器劫持和买家自己用的情况。在店铺推广的公告中再加以说明定向推广计划的优势，并且将佣金设置得相对高一些，或者说明额外奖励的方式。只要做到这些就能够吸引到一些大淘宝和长期淘宝客加入该计划中，长期维护自己的店铺。

（二）招募“淘宝客”

当网店经营者设置好了“淘宝客”的计划之后，就要着手开展招募“淘宝客”了。招募“淘宝客”包括论坛发帖，寻求站长、分享达人合作的经验，联系发展店铺中的淘客和积累资源群。

（1）论坛发帖。论坛发帖进行招募的方法比较常见，很多的网店经营者都在用，但是其所产生的效果不是特别的理想。因为想要在论坛发帖的话，首先网店经营者需要想一个好的标题，同时还要想出一些更加吸引人的内容，做好这些之后，撒网式地在各个论坛发招募帖。这种方式非常费时费力，而且效果也不明显。如果网店经营者想要采用这种方式招募淘客的话，建议针对性每天按时间段发送，完全没有必要花费太多的时间和精力在此种招募方式上。

（2）寻求站长、分享达人合作的经验。这一点需要网店经营者通过网站寻求站长、分享达人进行共同合作。站长和分享达人有着一定的流量资源，网店经营者寻求他们合作的最终目的是能把自己店铺中的商品通过他们推送出去。在和站长合作之前，网店经营者也可以通过站长工具查询网站的流量、外链和其他的一些信息。在保证店铺商品流量可观的前提下，再和站长商议合作的意愿与条件。这样一来，站长同意的概率就会增高不少。

（3）联系发展店铺中的淘客。店铺开通之后，通过“淘宝客”推广一段时间，就会有一群“淘宝客”汇集过来帮助店铺进行推广。如果店铺参加第三方活动的话，这种效果会更加明显。看到这种情况之后，网店经营者就会问：“淘宝客”具体如何联系，如何把合适的商品介绍给他们推广。其实很简单，只需要网店经营者在淘客昵称中，也即淘客的旺旺中找寻，只要通过这个旺旺，就可以轻松找到店铺推广的“淘宝客”。这种方法比较简单快捷。

（4）积累资源群。在生活中，想要获取资源，最常用的方式就是通过积累，那么，网店经营者也可以把这些方式运用到招募“淘宝客”中，通过加入“淘宝客”QQ 交流群，或者加入“淘宝客”的交流论坛，了解他们的需求，加入他们，才能使网店经营者更加成功。在里面寻找“淘宝客”是最好的办法，也会得到最好的结果。当网店经营者慢慢把资源积累起来之后，日后店铺做第三方活动，像是折 800、卷皮网的时候，可以直接在资源群中群发，这个时候就会有很多“淘宝客”愿意去推广。

(三) 维护好为店铺做推广的“淘宝客”

当网店被“淘宝客”不断推广之后，进入一个稳定发展时期时，网店经营者也要注意，要多多维护这些“淘宝客”们。具体做法如下：

(1) 让大家都留下自己的联系方式，组建交流群，把为店铺做定向推广计划的全部“淘宝客”集中起来进行交流，通过相互认识来了解“淘宝客”的需求，同时也能增进网店经营者与“淘宝客”之间的沟通。应保持双方的长期交流和互动，让双方之后的合作更加顺利。并且当店铺有活动或者出现佣金变更的时候，可以事先通知店铺的“淘宝客”们。而且通过定向计划审核之后的“淘宝客”们不仅仅能够享受到高佣金回报，网店经营者还必须提供出一些额外奖励以促使“淘宝客”提升业绩。

(2) 当网店中的“淘宝客”积累到一定数量之后，网店经营者可以定期搞一些“淘宝客”推广排名奖励活动，这可以提高“淘宝客”的积极性。并且网店经营者也可以在店铺进行大型活动预热前，根据“淘宝客”的要求制作并提供相应活动的推广图片，通过大力支持“淘宝客”的推广工作，让他们感受到网店经营者对其的重视，这样做也能够提高“淘宝客”的推广效果。

四、免费引流的橱窗应用技巧

很多的网店经营者不清楚商品的上架时间是否会影响流量，在哪个时间段上架流量最多和该怎样运用橱窗推荐。这些都是急需解决的问题。很简单，只需要合理地规划自己店铺中商品的上架时间和做好自动橱窗推荐。想要做好这两点，网店经营者必须要懂得免费引流的橱窗应用技巧。

要知道，商品排名靠前或者靠后与很多的因素都有关，比如说，销量和店铺的评分，好评率和标题是否包含关键词，商品的下架时间和橱窗推荐，商品的属性和是否加入消保等，这些不同的因素影响着商品的排名。但是具体到哪些因素在商品排名中的影响比例占多数或者权重占比是多少，都不是随意说的，是需要通过具体算法算出来的。不过这一点，淘宝绝对是保密的，是不会告诉网店经营者的。但是经过淘宝卖家前辈的经验总结，网店经营者还是能够看清楚哪些因素对商品的排名影响比较大。销量、动态评分、标题、下架时间和橱窗推荐，这 5 个因素影响比较大。

所以，网店经营者在优化商品的时候，能主动优化的只有商品的标题、下架时间和橱窗推荐了。标题优化就是关键词的选择，这一点众多的网店经营者应该都明确了。有关商品的销量和评分，都只能是在买家购买商品之后才会有记录，因此，网店经营者要特别注意，对买家进行细心服务和保障商品的质量。那么在没有销量的情况下，网店经营者要如何做才能让自己的商品排名靠前，只能靠橱窗推荐了。

大家都知道，网店要想提高销量，首先必须要提高流量，看的人越多，购买的人也才会越多，这是常识。因此，网店经营者要时刻关注买家购物的高峰时期。淘宝中每天流量的高峰期都集中在三个时间段：上午的 9:00~12:00，下午的 2:00~17:00 和晚上的 8:00~23:00。而每周的流量高峰期都集中在周一到周三。

网店经营者要想提高店铺的流量，首先必须要提高店铺中商品的展现量，只有都展现在买家的面前，让买家能够看到，他们才会点进来，那么店铺的流量也就多了。因此，网店经营者着重要做的是提高店铺中商品的展现量。而想要提高展现量，就需要网店经营者提高自己店铺中商品的排名。据一项调查结果显示，买家通过商品的标题或者类目寻找商品的，一般只会找前 5 页，也就是说如果前 5 页中没有出现自己店铺中的商品，那么被买家看到的概率就等于是没找到，前5页没有，这个时候大部分买家就会另选关键词或者其他属性进行搜索了。因此，网店经营者一定要保证自己店铺中的商品展示尽量在前5页，也就是说排名一定要在前200个。

想要做到这一点，最快的方法是用付费的直通车进行推广。但这会增加网店经营者的金钱的支出，对于中小卖家来说是非常不划算的。因此，网店经营者可以通过优化商品上架时间和橱窗推荐来提升商品的排名，从而提高展现量，进而提高店铺的流量。

（一）利用手动调整店铺中的商品上架时间

发布过商品的网店经营者都知道，商品发布的时候会有一个“开始时间”，里面有三个选项：立即上架、定时上架、进仓库。

立即上架指的是商品一经编辑好，上传之后，就可以直接发布在自己的店铺中开始销售了。

定时上架指的是网店经营者在进行商品上架的时候选择定时，选择这项之后，系统会让你选择上架的日期和时间点，选好之后，上传商品。这个商品就不会立马进入店铺开始销售，而是被放置在仓库中，等到设置的那个时间点到了之后，系统才会自动上架这个商品，正式开始销售。

进仓库则是指网店经营者把商品编辑好之后，并不点击上架，而是选择让其进入仓库。之后有需要其上架的时候，在到卖家中心的后台仓库中的商品中，手动点击让其上架，只有在这个时候商品才会上架，并且进入店铺开始销售。

综上所述，利用手动调整店铺中的商品上架时间这种方式，比较适合刚开店的网店经营者，因为比较容易操作。但是如果店铺中的商品非常之多，那么这种方法就不利于网店经营者安排均匀，而且工作量会变得很大。

（二）利用自动上架软件调整商品上架时间

现在淘宝服务市场上有很多自动上架的软件，它们的功能都差不多，网店经营者完全可以根据自己店铺的实际情况进行选择。利用自动上架软件来调整商品的上架时间，能够让网店经营者节省下大量的时间和精力用在网店的推广上。

那么，如何通过软件自动上架时间来调整商品的上架时间呢?

首先网店经营者要开启商品上下架的计划并进行设置。如果是新手卖家可以选择系统设置的黄金时段计划，系统会根据你的商品特性帮助你安排商品在人流量高峰上下架。如果是经营一段时间之后的卖家可以选择时段均匀计划和自定义计划，能够更好地调整商品的上下架时间，为店铺带来大量的流量。

不过，不管网店经营者如何选择，总是要选择一款适合自己的优化上下架的软件，以便于自己提高工作效率，而且自动上架软件调整能够对网店经营者准确定位上下架时间并引来流量有很大的帮助。

（三）自动橱窗推荐优化

根据淘宝的规定，店铺中的商品越接近下架时间，排名就越靠前，橱窗推荐的商品比没有橱窗推荐的商品更靠前。为此，为了更好地引流入店铺，网店经营者要选择自动橱窗推荐优化来帮助自己准确定位商品的上下架时间，同时再加上淘宝人流的高峰时期，网店经营者完全可以把商品在高峰期的时候尽量往前排名，让更多的买家看到，这样就可以提高流量，甚至可以提高店铺中商品的销量。

加入自动橱窗推荐的商品会优先得到展示，网店经营者非常明确这一点，但是想要发挥出自动橱窗推荐的最大功效，让店铺中的商品展示在最前面的位置，还需要做到以下几点：

（1）网店经营者要开启自动橱窗推荐优化。

（2）网店经营者要采用“多易批量工具”中的自动橱窗推荐方案，优先推荐必推商品和即将下架的商品。在商品即将下架，排名靠前的同时让商品得到橱窗推荐，可想而知，流量绝对会是一个大爆发。

（3）在宝贝下架时间段做限时折扣、关联营销等提高销量，网店经营者要想获得流量从而提高店铺的销量，就需要将几个引流方式好好进行实践。对于新手卖家来说，把标题优化，设置合理的上下架时间，以及宝贝橱窗推荐优化，再加上几个引流方式，那么，店铺的流量和销量就不用再担心了！

五、类目流量优化提升技巧

类目搜索和关键词搜索一样，流量各占一半，是不容忽视的推广方式。怎样才能通过类目搜索获得更多流量呢？想要提高店铺的流量，轻松玩转"淘宝客"，还需要网店经营者不断地提升类目流量优化，提升技巧。

（一）优化类目搜索

想要提升类目流量优化，首先要做的是优化类目搜索。网店经营者在推广商品的时候，在类目搜索页面，即买家通过点击类目进入的宝贝搜索页面里展现商品的时候，应在影响其展现排名的因素中增加推广商品的内容，同时确保推广图片及标题和质量保持一致。

比如当买家点击"女装连衣裙"这个类目时，若网店经营者要确保自己店铺中的商品类目正确、出价相同，推广商品内容质量好的商品排名将更靠前。这样的话就能在同等条件下，让买家点进自己的店铺中，从而提升店铺的流量。

（二）提升点击率

当网店经营者不断提高推广内容的质量时，完全可以通过优化商品推广图片和推广标题实现这一目的。通常情况下，点击率越高表明买家越愿意点击和购买。这一类的推广商品，其推广内容的质量越高，获取买家点击和购买的概率越高。因此，网店经营者一定要做好提升点击率的准备。

(三) 根据不同的推广商品类目，设置类目商品出价

网店经营者要记住，如果自己店铺中有 10 种不同类目的商品，只有一种商品启用类目出价，那只能在一个类目下获得展现的机会。因此，网店经营者要想在 10 个不同的类目下都获得展现自己店铺中商品的机会，则需要网店经营者在不同类目的商品下都设置类目出价。只有这样才能保证万无一失，引爆店铺的流量。

(四) 类目相同而属性不同的商品也要设置类目出价

当买家选择不同属性的商品的时候，类目搜索也会精确匹配该属性下的商品。例如，同样是男包类目下的单肩包商品，但因为其属性不同，一个是漆皮的，另一个是帆布的，两个商品若都设置类目出价，那么均能在买家搜索的时候获得展现的机会，增大店铺流量。

(五) 优化商品主图和标题

当然，想要提升类目流量优化，网店经营者还不能忘了一点，那就是优化商品的主题和标题，也就是说在展现商品的时候，一定要完整呈现商品的内容，包括商品的主图片、标题和价格。其中，图片占的面积最大，也最吸引人。因此图片的吸引度能够最大程度上影响买家是否愿意点击进来。为了更进一步保证买家点击进来的概率，网店经营者在每个即将要推广的商品下设置两个推广标题，并且定期分析两个标题的点击率，不断调整点击率较低的标题内容，让其更适应买家的点击需求。

只要做到以上几点，网店经营者就能快速地提升类目流量优化，也就能轻松玩转“淘宝客”。

六、如何利用“淘江湖”做“淘宝客”赚钱

“一张舒适的床垫，是您赶着回家的诱惑。淘宝优秀家纺之床上用品篇，推荐给您的是我们认为最棒的，同时也希望是您能认可的。试着去享受吧，愿您有一个好梦。”

这是小张在一个群里看到的一则广告。小张觉得这则软文写得恰到好处，既推广了自己的产品，又没有广告之嫌。小张点击进入链接，发现广告作者是用“淘江湖”做软文的“淘宝客”。因为平时很少上网，所以这个“淘江湖”与“淘宝客”让小张感到很新奇。

案例中的小张觉得用“淘江湖”做“淘宝客”很新奇，那是因为他平时很少上网，自然也对网购知之甚少，所以不了解“淘江湖”和“淘宝客”的具体情况。

其实，如今利用“淘江湖”做“淘宝客”赚钱的人已经越来越多，下面我们来看看利用“淘江湖”赚钱的好处以及具体方法与经验。

（一）好处

事实上用“淘江湖”做“淘宝客”的人很多，因为有以下几点好处：

（1）可信。有些“淘宝客”网站在第三方网站上，让人觉得不可信任。但是“淘宝客”的产品都在淘宝网站上，可以让买家很放心，所以用“淘江湖”做“淘宝客”很容易让人产生信任感。

（2）节省。不用买空间域名，用淘宝网的就可以，这毕竟可以省去一笔费用，空间还相当稳定。

（3）直接。“淘江湖”是淘宝用户聚集的最大的圈子，我们所有的客户都聚集在这个圈子里，所以“淘宝客”的推广就变得很直接。不像QQ群发博客那样麻烦。

（二）方法

（1）使用途径。其实很简单，并没有小张想得那样神奇。“淘宝客”们是用“淘江湖”的日志发表文章的。如果网店经营者想利用“淘江湖”这个平台做营销，“淘江湖”没有日志这个组件，网店经营者们只要将日志这个组件添加上去即可。其实“淘江湖”能做“淘宝客”的功能还有很多，并不止这一个，譬如它的商品分享、帮我挑、转帖、淘帮派和淘心得等，只要网店经营者把这些东西利用好了，肯定可以带来意想不到的效果。

（2）营销方法。其实这和“淘宝客”网站还是有区别的。“淘宝客”网站最重要的是做好搜索引擎优化，而“淘江湖”的“淘宝客”推广方法相对而言则更为灵活。一般“淘江湖”的“淘宝客”有很多专题。上面有菜单栏，下面有链接，这其实就是一个网站。“淘宝客”还可以为其他的专题写不同的软文推广。只要有人点了链接，就会看到里面所有的专题。

“淘宝客”更适合以发帖子、QQ 空间和使用微博等软文方式推广，如果“淘宝客”有更新的创意，可以想出更多、更优秀的推广方法，那么“淘江湖”是一个不错的施展平台。

如果网店经营者利用“淘江湖”做“淘宝客”赚钱，还要注意以下两点：做“淘宝客”要经常发广告，同时也要注意别人的广告，并加以研究，取长补短；当越来越多的人都知道“淘宝客”的时候，“淘宝客”就应该把眼光放得长远一些，转变思路，想一些更有创意的点子，这样才能适合时代的发展，一路领先。

（三）经验

（1）明确主题。“淘宝客”要知道自己的江湖是以什么为主题，还要知道要吸引什么样的买家群，这些买家都需要什么。同时，在确定出自己的主题以后，紧紧围绕这一主题，不断吸引别人参与。

（2）做好互动。网店是一个销售平台，而“淘江湖”则是信息发布、交流互动、客户维护的综合平台，网店以商品为主体，而“淘江湖”以内容为主体。网店的服务对象是买家，“淘江湖”的服务对象则是粉丝。如果两者能把互动做好，则可互为补充、相互促进，真正发挥巨大的威力。

那么怎样做好互动呢？首先要根据以下的经验来做，其次还在于个人能否努力总结和探索。

1）店铺中要有方便链接，最好能在店铺顶部开个专栏，把自己加fans的方法、fans的专享服务、正在进行的fans活动、以前的fans活动和江湖的链接整理成集合页面。

2）把店铺中的各种优惠活动与“淘江湖”的内容结合起来，比如把活动预告和活动说明做成帖子宣传等。

3）为了能让店铺和“淘江湖”都不断有新的内容，时时保持吸引力，店铺内容和“淘江湖”要同步更新。譬如可以考虑在店铺首页开辟一个fans专区，把“淘江湖”中重要的更新也发布到店铺中。

（3）丰富内容。

1）围绕fans的需求，划分模块准备内容，比如社会科学类的、促销类的、趣味类的、fans之间的互动类，等等。

2）“淘宝客”只要发一个叽歪，肯定都会出现在所有fans的“淘江湖”个人中心，所以“淘宝客”不能像一般的博客或帮派那样随意发布内容，每天发布的量和内容都要充分考虑fans的感受。

3）为了避免无法给fans带来长久的价值而被fans抛弃，“淘宝客”切忌把“淘江湖”做成单纯的广告渠道，只发布促销内容，把fans仅当成促销信息的受众，进行广告轰炸。

4）增强吸引力。吸引店铺买家和“淘江湖”会员只是第一步，提高吸引力和增强fans参与互动的积极性才是最重要的一步，也是最难的一步。“淘宝客”可以寻找一些铁杆fans，参与共同建设“淘江湖”。在活动中有fans参与建设，这样fans就会更加积极。因为这样的活动趣味性比促销活动强，而且fans有参与感，投票确定的名称与每位fans都有关，所以会让fans更有兴趣参加。

利用“淘江湖”做“淘宝客”赚钱，必须先了解其具体方法，还要多参考别人的经验，只有这样才能少走弯路。

盈利策略8　如何吸引免费流量，提高店铺销量

一、店铺装修秘笈

店铺装修策划最重要的一点就是商品详情页的排版思路。也就是说在装修前网店经营者要充分了解网店的背景文化和商品的包装与种类，以及制作包装颜色卡，从而确定网页的主色彩、辅助色彩、强调色彩等，最后不要忘了确定网站整体布局。同时，还要细化各个模块排版，准备各个模块的图片及文案，以及营造促销的氛围，渲染店铺特色。

因此，网店经营者在装修店铺的时候要注意以下几点：

（一）模特图的展示

网店经营者在装修商品详情页的时候，一定要运用模特图进行展示，不管是何种类的商品，只要用模特展示商品的效果，更能激发买家购买的冲动。要知道清晰的大图，毫无保留地呈现正面、背面和侧面的效果，同时在每一张图片中都增加不同信息含量来表现，这会让买家产生一种商品已经在手的感觉，从而更快地决定下单。当然，如果商品有多个颜色，网店经营者可以主推颜色为主，其他颜色辅以少量展示。要记得版面宽度一致，不过有时候可以采用拼贴，而且一定要减少无意义留白。这样的话，就能够完全吸

引到买家的注意力，促使其下定购买的决心，保证交易顺利完成。

（二）展示商品全貌，并附上推荐理由

网店经营者在装修商品详情页的时候，要展示商品的全貌，如商品正面、背面清晰图，应根据商品本身的特点选择拍摄方式，运用可视化的图标描述商品的相关信息。当然，千万不要忘了附上推荐的理由，用语言打动买家的心，促使交易达成。

（三）细节展示到位

网店经营者在商品详情页应对商品进行非常详细的细节展示，俗话说的“眼见为实”，用在这儿再合适不过，只有让买家看清楚商品的所有细节，买家才会对店铺产生信赖。近距离展示商品亮点，展示清晰的细节，呈现商品的所有细节，所有应该被注意的细节要因商品的类别而具体展示。如有促销活动或者节假日，网店经营者还可以加入文案设计，不过要注意网店商品文案描写的注意事项。

（四）进行相关推荐和店铺说明

在商品详情页装修即将结束的时候，网店经营者要把搭配单品、系列款式的推荐物流、退换货和导购信息做一个详细的介绍，如运用流程图和图标描述退换货，这样做能够让买家觉得店家比较贴心，从而顺利地成为店铺的老主顾。

（五）店铺活动要及时更新

网店经营者要时不时地给商品营造促销氛围，渲染店铺的特色，而促销活动的通告、新款上线预告、主推款式海报，都要放在商品详情页中，在大促时网店经营者还可以考虑加入关联营销。

总之，不管如何装修，网店经营者首先一定要站在买家的角度去思考，如果是你来买这样的商品，那么你会比较关心哪些问题？比如不同角度的照

片、材质、尺寸、市场价、优惠价、颜色、适合人群、寓意、保养注意事项、真假辨别、赠品、服务承诺、支付方式等，这些都需要网店经营者时刻注意的。

二、诊断店铺为什么没有销量的三大步骤

网店的经营面临着起起伏伏，因此，网店经营者要做好充足的准备，不能因为网店一时的没有起色或者是处于赔钱的状态，就不管不顾地关门大吉了。其实，越是在这种时刻，网店经营者越是要坚持到底，应通过各种不同的方法了解为什么别的店铺都能够盈利而自己的店铺会亏本呢？那么，网店经营者要如何自查呢？需要做到以下三步：

（一）网店流量小

网店的流量为什么小，这个时候网店经营者不能只是感叹自己不会开店，而是必须想办法去推广自己的商品。试想一下，如果网店一开始投放就直接是直通车广告，那么风险概率就会非常高，有可能赚钱，但也有很大的可能会赔钱，因为直通车的广告位越来越像一个竞价比赛，价格越来越高，竞争越来越激烈。对于中小卖家和刚开店的新手来说，没有必要去争这个。其实，在淘宝中还有非常多的站内推广方法。只要能够有效地利用，引入店铺的流量也不会少。

（二）商品转化率低

当网店经营者经过一番努力，发现店铺的流量上去了，但是随之就会发现，商品的成交量特别的低。这个时候，网店经营者就要分析为什么会出现这种情况，要知道，买家从进入店铺开始，一直到下订单，这中间还是有很多的时间让其思考的。为了能够提高商品的转化率，网店经营者应认真思

考。例如，从浏览到咨询客服，这个环节中最关键的一步是商品文案是否诱惑，能否激起卖家的购买欲。如果你的商品文案只是复制粘贴来的，比起其他店铺来说没有任何突出的特点，那么，订单下在你家的概率就会大大地降低了。如果你的商品文案采用了营销心理学的技巧，写得非常诱惑人心，甚至连购买意向不强的买家都想咨询一下，这个时候，商品的转化率就上去了。因此，网店经营者一定要特别重视商品的文案描写。

（三）商品利润

如果流量和销量都没有问题之后，店铺还是没有利润可言，网店经营者就必须计算商品的进货价格和出售价格了。例如，卖利润 5 元的产品和卖利润 500 元的产品，商家所要花费的精力都是差不多的，但是利润却相差 100 倍。简单地说，同样是卖 10 单，利润 5 元一单，商家只能赚 50 元，利润 500 元一单，商家却可以赚 5000 元，这就是差距。因此，网店经营者既然选择开网店，则应该首选暴利商品。只有网店经营者能够做到认真观察，那么身边的暴利商品就会被发觉出。

只要做好以上三步，就能消灭“没销量”这个难题，让网店更快地发展起来。当然这些条件都满足之后，网店经营者自身是否坚持也是影响店铺销量的一个原因。很多卖家在淘宝开店总是前一个月很新鲜，然后遇到越来越多的问题之后就逐渐倦怠了，久而久之，就不去管理了，那么网店也会一直处于半死不活的状态。因此，除了以上三步，网店经营者还要做好打硬仗的准备，不能三天打鱼两天晒网，那样的话，再好的条件，网店也是经营不起来的。

三、学会制作引爆销量描述

在挑选商品的时候，买家往往比较关注产品描述。可能有的网店经营者会因不知如何撰写描述而犯愁，其实大可不必，因为撰写商品的产品描述一般都有一种较为固定的规律和格式，集中体现为五大步骤：

（一）撰写精彩开头

网店经营者可以这样猜想，当买家停留在网店的产品描述上时，他们会喜欢喋喋不休的描述，还是喜欢有精彩开篇且简明扼要的产品描述呢？其实产品描述最主要的目的，就是要详细地向买家说明购买了网店的产品将会得到哪些好处。网店经营者可以完全站在买家的角度去思考，然后找到说服对方的方法。

醒目且具有冲击力的开头通常是吸引人眼球最有力的工具。因此，撰写一个较为精彩的开头通常能够快速激发买家对产品的兴趣，产生一种不得不继续看下去的感觉。

当然，无论网店经营者如何撰写手中的产品或服务，都必须先了解网店的潜在客户的“内心对话”。了解他们在想什么，尽可能地用他们感兴趣的东西或者一些新奇的东西去吸引他们的眼球。接下来再给出建议，将网店的产品和他们的兴趣紧密地联系在一起。

假设经营者在网上销售毛绒玩具，这就意味着网店的潜在客户是小孩的父母。那么，网店经营者可以以这样的开头来吸引他们的目光：“每一个孩子的童年都离不开一个可以相拥入睡的毛绒娃娃，它们温暖了孩子的梦……”

再假设经营者在网上销售一种供成人爱好者收藏的玩具小车。那么，在产品描述中，网店经营者可以这样开头：“你还在玩卡片吗？你还在玩玩偶吗？如果这样的话，你就 out 了。今年最流行的当属这种制作精美、经典复古的玩具小车……”

通常情况下，精彩的开头会让网店的产品描述瞬间提升高度，开始就变得感性，让浏览的买家能够切身体会，从而对产品逐渐产生兴趣。所以，切勿在产品描述的开头仓促地介绍网店所销售的产品的各种冰冷的数据，这会给买家一种被迫接受的感觉。

此外，在页面中编辑产品描述开头的时候，除了要注重文字内容的冲击力以外，经营者还需要通过文字本身的背景、字体、颜色、粗细等方面的独特性，来吸引消费者眼球。

（二）适量上图

从网店的经营特点来说，产品描述的功能是尽可能地让买家得到更多的信息。因此，作为网店经营者，要注意图片的质量和数量。简单地放上几张图片、打上尺寸通常都属于一种敷衍的态度，效果自然不会好。

图片并不是越多越好，因为每个人的网速和浏览器设置都不一样，图片过多有时候可能会影响网页打开的速度。面对蜗牛般的网速，买家一般都不会花过多的时间在等待图片的缓冲上。所以，适量上图对于产品描述来说是一个关键点，也算是第二大步骤。

（三）如实描述

这一点可谓是重中之重。如实描述网店的产品通常会对买家下单起到决定性作用。绝大部分消费者之所以选择网上购物，主要就是因为价格便宜、购买方便、样式繁多。而他们最担心的则是产品的质量问题，因为他们无法在购买产品之前接触到实物，只能通过网店的描述对产品有一个大概的了解，然后再结合网店经营者的图片决定是否下单购买。

那么，对于占据如此重要地位的产品描述，网店经营者一定要详尽描述。产品的材质、尺寸、样式等一定要进行准确描述，并且要放在比较突出的位置。还有产品使用和日常维护的注意事项、发货快递及发货时间、产品库存情况等，都需要进行相应的描述。总之，网店经营者需要站在消费者的角度来撰写产品描述。

当然，网店经营者需要注意的是，应在吸引力和可信度之间做一个平衡。不要把产品的价值塑造得太高，以至于到了不可信的地步。这就需要网店经营者对产品的优缺点进行详细描述，尤其是产品的缺点，可以格外强调，或者用特殊字号或者颜色标明，不要害怕说出产品缺点会吓跑买家。因为买家也会将心比心地想，一个连缺点都会告诉自己的网店经营者，通常会比较负责任。所以说，这也是建立信任的一种手段，只要让客户卸下心防，网店经营者就成功了一半。再者，买家有知情权，告知情况也是网店经营者应尽的义务。

（四）统一格式

在产品描述的格式方面，网店经营者也需要注意。排版方面一定要美观、统一，因为买家更愿意看那些比较规整的描述。当然，网店经营者也可以设计一些独特的风格，但不能过于标新立异。

（五）增加促销条款

在做促销活动的时候，不少网店经营者会选择在首页标明促销的具体情况。然而，实践证明，很多买家通常都不会在首页逗留太久，他们往往是在一个产品和另一个产品之间跳转网页。所以，如果有促销活动，一定要在产品详情页面说明。或者专门在旺铺上建立一个“促销说明”的页面，在产品详情里加上这个“促销说明”的链接就可以了。

网店经营者还可以给买家一个推动力，让其尽快下单，采取购买行动。看完产品描述后，或许买家已经产生了比较浓厚的兴趣，有购买意愿，这时他们还需要一种推动力。不要让网店的潜在买家有任何说“考虑考虑”的机会。网店经营者可以设置一些免费的赠品。并且表明这种送赠品的活动随时都可能结束，先买先得，提醒对方尽快采取行动。在产品描述中还可以标明周到合理的退换货服务，解除买家最后的一个后顾之忧，让他们心甘情愿地掏钱购买产品。

总之，产品描述就像是在与买家进行无声的交流，网店经营者应尽可能地完善它，让买家看到网店的真诚以及产品的质量保障。站在买家的角度，用心撰写产品描述，后续操作也会随着经营者的前期铺垫变得水到渠成了。

网店与实体店的重要区别之一便是商品以虚拟的图片和文字存在，买家在没有购买前是看不到实物的。因此，想要买家对自己的小店感兴趣，经营者务必在产品描述这部分下足功夫。

四、引爆销量转化率的 13 个步骤

网上开店最怕的就是没有买家进店，很多的网店经营者对宣传很是迷茫，不知道如何宣传和推销才能够让店铺引爆销量。想要网店引爆销量转化率，网店经营者必须做好以下 13 个步骤：

（一）头像和签名档要漂亮

也就是说，在论坛发帖的时候，网店经营者要给自己做一个漂亮的头像和论坛签名图，最好这些都是动态的，或者是能够展示自己店铺中的商品。这样，既能说明自己店铺中所卖的商品，而且还不违规，能够顺利地吸引灌水者点击。

（二）旺旺自动回复设置

旺旺作为网店经营者常用的与买家之间进行沟通的工具，为了更好地推销自己店铺的商品，网店经营者可以将旺旺设置为一个有宣传效果的状态。同时设置旺旺自动回复，很多的卖家旺旺会设置为："我现在不在，有事留言"，这个效果非常不好，其实完全可以把其设置为："我现在不在，有事留言，××商品，能够让您放心购物"，要让买家在不进入你的店铺也知道店铺中经营的商品。之后，网店经营者还须多到论坛联系买家，帮买家解决问题，这样当他回复时就会看到你的自动回复，像这样的做法在淘宝中是不违规的。

（三）巧妙利用友情链接

网店经营者可以和出售相同商品的店铺以及一些浏览量特别高的店铺进行友情链接，那么当买家在进入到他们的店铺中浏览商品的时候，也会顺手

打开你的店铺的链接，从而提高了店铺的浏览量。这是吸引潜在买家最简单的方法。

（四）店铺模板设计美观生动

网店经营者在设计店铺模板的时候，一定要在最大程度上追求美观生动。在每个页面展示其他商品的时候，能够达到“这个不行我还有那个”的效果。从而留住买家的脚步，为交易的达成打下良好的基础。

（五）商品关键词

网店经营者应在自己的商品名称里多加几个相关的关键词。比如说，如果是雪纺裙的话，就可以加入韩版、时尚、雪纺、活动、洋装等这类的词语，以加重买家的购买欲。不过网店经营者要切记，不相关的关键词千万不要加入到自己商品的标题中，这样做是违反淘宝规定的，后果非常严重。因此，网店经营者在加入商品关键词的时候，一定是与商品有关的。

（六）主营项目关键词

在店铺基本设置中，网店经营者在自己主营项目中应尽量多加与自己所售商品相关的关键词，这样才更容易被其他网站搜到，有助于提高店铺的知名度和浏览量。

（七）增加商品数量

网店经营者要尽量多上货，但是不要重复发布，因为每个商品被买家看到的概率是一样的，所以宝贝数量多能增加店铺的浏览量，来的人多了，销量自然就大了。但是网店经营者一定要分好商品的类目，否则就成了杂货铺，影响了店铺形象，也不利于买家查看店铺经营的商品。

（八）购物指南和错开商品上架时间

网店经营者要多发帖子，多动手写些商品的购物指南，这样买家在学习购物指南的同时也能了解到自己的店铺。为了更方便买家浏览店铺中的商品，网店经营者要把商品的上架时间错开，每隔一段时间发一个商品，具体时间自己定，这样商品分布的时间段就会比较均匀，当买家搜索的时候也容易看到你的商品，因为商品是按照剩余时间由少到多排列的。

（九）红包和一元拍

网店经营者要对买家多发红包，给予买家真正的实惠。很多时候赚客户比赚钱更重要，就像很多商场实行返券一样，对稳定老主顾很有帮助。定期设置一两个物美价廉的宝贝为一元拍，在一元拍商品的页面下多加入几个商品的链接，亏一点也没有关系，这样做能够提升店铺的浏览量。

（十）做好免费搜索引擎

网店经营者要经常登录免费搜索引擎，这样店铺就可以在门户网站被买家搜到，免费的搜索引擎有谷歌搜索引擎、百度搜索引擎、雅虎搜索引擎、搜狗搜索引擎等。只要好好利用这些搜索引擎，就能更高地提升店铺的浏览量，当然也就能提升店铺的销量了。

（十一）多展示买家的评价

网店经营者在商品详情页中要多给买家评价机会，这也是宣传展示自己的商品的机会。给买家评价时不要简单写“好买家，合作愉快”这类的回复，因为买家购买前都要查看店铺的信用评价的，如果只有简单的回复，那么买家不会对店铺留下好印象，也就不利于网店的信誉。因此，网店经营者在展示买家的评价的时候，要给予其真诚的回复，这样才能赢得更多买家的信任。

（十二）加入到商盟活动中去

网店经营者要多加入几个商盟，多参加商盟活动，以便展示自己店铺中的商品，商盟的活动宣传力度是非常大的。加入商盟之后，网店经营者要经常到商盟论坛去，可以更快地推销自己的店铺和商品。

（十三）到阿里巴巴去进货

目前的淘宝非常鼓励网店经营者到阿里巴巴去进货，因此，网店经营者也可以将商品发到阿里巴巴，然后将公司主页设为店铺页面，从而增加店铺的浏览量，提高店铺的销量。

盈利策略9　如何在客服中创造新销售

一、运用客服销售技巧，提升订单率

网店经营者在经营网店的过程中不难发现，当买家通过广告或者搜索进入店铺后，一般都会先咨询客服一些相关的问题，那么客服的话术技巧显得尤其重要。因为客服不恰当的销售技巧而导致客户流失已经成为了网店经营者不可避免的尴尬。因为网店客服的好坏直接关系到店铺的成交率和转化率。因此，网店经营者一定要巧妙地运用客服的销售技巧来提升网店商品的订单率。客服销售技巧包括回复技巧和主动营销技巧。

（一）回复技巧

（1）在回复买家提问的时候，要切记多用表情符号，不能肯定的事情一定不要轻易承诺。如若承诺之后不能实现，就会给买家留下非常不好的印象，影响到店铺的信誉。因此，网店经营者在面对自己不能肯定的事情的时候一定不要轻易许诺，可以委婉地表述自己的意思，让买家觉得店主非常诚实，从而成为店铺的老主顾。

（2）巧妙应对买家的讨价还价。目前网络销售中最为普遍存在的一个现象，也是很多网店经营者最大的痛点，那就是买家的讨价还价，不还价有可能造成客户的流失，但是还价自己就亏了。要知道，网络销售的价格，大部分比市场价格低。面对这个棘手的问题，网店经营者要做到以下两点，就能很好地应对买家的讨价还价。第一，要找准自己的心理定位。其实很多时候买家只是为了找心理平衡，一般是怕网店给了别人优惠，没有给自己优惠而产生的一种心理反抗。面对这样的买家时，网店经营者针对这种情况，要有统一的标准和原则，坚决地表明自己是绝对不能还价的，而且还要和买家说明，这是我们的原则，如果给您私下还价了，那对其他买家来说是很不公平的，以此取得买家的理解和信任。例如可以这样说："您好，非常抱歉，我们的产品是承诺于所有消费者，一口价原则，不议价的。"像这样回答既解决了问题，又收获了买家的信任，让其自然而然地成为了店铺的老主顾。第二，要运用包邮或者送赠品的方式，打发那些爱占小便宜的买家。其实很多的时候买家就是想占点小便宜的，并非购买不起。面对这种情况，网店经营者要针对爱占小便宜的买家，从其他活动或者赠品的角度上引导买家，比如可以这样回答："价格哪还是不能降低，但是您下订单后我们可以给您免邮费，或者给您加一些赠品，您看怎么样？"这样回答买家一定会欣然接受的。同时还会觉得这家店对自己是特殊照顾的，下一次购物的时候很大程度上还会光顾。

因此，网店经营者一定要做到在买家咨询问题的时候，善于引导买家，取得买家的认同，同时也让买家在购买中收获一些意外的小惊喜，大家皆大欢喜，各取所需，为自己的店铺赢取更多的回头客。

（3）帮助买家辨别出商品的真伪。在买家的咨询问题中，最常出现的一个问题是：你们的商品是不是真的？毕竟网络购物是看不到的，这方面的担心也是可以理解的。在面对这样的问题的时候，网店经营者要通过拿出"硬件证明"和通过比较让买家放心购买。硬件证明，一般指的是网店经营者所经营的商品如果是通过正规渠道进的货，完全可以出具这方面的证明，消除买家的疑问。但是如果网店经营者所经营的商品确实是正品，但是因为其他原因造成没有相关硬件证明的时候，完全可以采用一些软性的说明，比如拿自己店铺的商品和市场上假的商品进行非常详细的对比分析。抑或是拿出商品的历史销售记录给买家看，告诉买家自己所经营的店铺有这么多的客户群体，如果有问题网店早就被封杀了，也留不到现在了。同时还要再给买家一个承诺：您好，我们是保证正品的，接受专柜验货，假一罚十，有质量问题包退换。只有这样，才能完全消除掉买家的疑虑，从而在网店经营者的店铺中购物，并且因此而对店铺产生信赖，成为店铺忠实的买家。

（二）主动营销技巧

(1) 在回答了买家的问题之后，网店经营者可以顺势推荐自己店铺的商品，并且强调商品的效果非常好。因为商品好不好一直以来都是买家最为关心的一个问题，例如"这个化妆品真的有网上说得那么好吗?""这件衣服真的很适合我吗?"买家会因此产生困惑，此时客服的回答就显得尤其重要。客服因此会比较纠结，因为作为网店经营者在这种时刻也不能一味地教导客服恭维买家，再好的商品也不可能适合每个人，再好的商品也不会说用了之后马上就会产生效果，或者用一次就非常有效。在面对这样无法承诺的问题时，网店经营者要教导客服人员：最好的解决方式就是让买家认清事实。首先告诉买家，这个商品很多人反馈效果很棒，但是不能保证对所有的人都很棒。其次是使用人自身的一些问题需要注意，比如化妆品是否长期使用，是否还注重了日常的保养。再比如衣服是否很恰当地和其他的配饰进行搭配了，如果这些基本的买家自己都没做好，那再好的化妆品或者再好的衣服也满足不了需求。因此，可以这样跟买家说："美丽的容颜，好的肌肤都是靠长期保养的! 但是皮肤的吸收和适应能力是因人而异的，MM 坚持使用一段时间才会看到明显的效果哦! 不过针对您的这种情况，还可以试一下我们店里的××商品，相信一同用一段的时间效果就会出来了!"

像这样的回答能够让买家在认清事实的基础之上进行理性的消费，切记不要盲目夸大自己商品的功效，因为这样做了之后如若最终没有达到这样的效果，那么就会永远失去买家，同时还会失去这个买家所认识的那些潜在买家。因此，一定要客观地告诉买家自己店铺中商品的功效，只有这样才能让买家对自己产生信赖，从而成为自己店铺的忠实顾客。

（2）懂得连带销售的技巧。做客服久了经常会看到这样的情况：有的客服很努力但是接的订单永远都是单价最低的，而有的客服却总是可以接到上万元的订单。为什么？归根结底是客服的能力问题，是其在销售的过程中是否用心的最佳体现结果。

一般情况下很多客服在接待买家的时候，当买家咨询完后购买了商品，这就算是成功的交易了，但是一些有心的客服不会就此终结这次对话，他们会在了解清楚买家的需求后，根据买家确定购买的商品，分析买家在购买了这些商品之后还缺什么，从而对其进行连带销售。比如，有心的客服会去问买家，之后对其说"我觉得您还需要配一个××，而且您如果一起购买了还能省邮费"等。在这种时刻，90%的买家都会再去选择一些周边商品，这才是一个优秀的客服应该做的。总之，多问、多推荐，就一定能接到大单。

（3）细致回答有关发货的问题。发货问题是每个买家都比较关心的问题，试想一下，如若我下订单后，是不是就想尽快拿到，所以当买家确定付款后，就会不停地询问客服是否发货了？为什么还不发货？如果这样的问题都处理不好，那么我们前面所有的努力就会化为泡沫，最终让买家非常不满意，从而影响到店铺的信誉。

在面对这样问题出现时，网店的客服就要做到以下两点，才能确保买家满意，成为店铺的主顾。首先在买家付款后，客服要清楚地告诉其店铺物流发货的具体时间。比如，可以这样说："邮局一般是上午发货，快递是下午发货，所以发邮局的一般是当天付款隔天发货的，快递上午付款的尽量当天发，下午付款的一般来不及打包也是隔天发货的哦，请您谅解。"抑或是当买家来查物流的时候，客服要先确定买家订单的物流情况，如果已经发货，直接和其说明并附上具体物流信息就可以了。但是如果没发出的话，这就需要客服找出具体原因，同时正面回答买家，进行真诚道歉，让买家感受到真诚，提高买家的体验度，从而对店铺产生好感，成为店铺的老主顾。

网店经营者只要不断完善自己店铺客服的销售技巧，就能提高订单率，从而财源滚滚来。

二、店铺运营，切勿忽视新手客服

网店的客服有点类似于实体店中的营业员，一个网店的销售好不好除与商品和店铺装修设计有关之外，最重要的还是人的因素。也就是说，网店经营者要想让自己的网店订单满天飞，需要保证自己店铺的客服销售技巧非常好，只有这样店铺的销售和业绩才非常好。很多时候，网店经营者觉得客服就是打打字，回答问题。如果真这么简单，那么，那些大企业为什么还要花大钱去请专人来给自己的客服做培训呢？这说明，店铺想要运营好，一定不能忽视客服，尤其是新手客服，因为是新手，所以对什么都不了解，更不能为店铺带来多的订单。因此，网店经营者要想拥有一个盈利的网店，一定要培养好店铺的新手客服。

（一）培养客服的技能和擅长事项

在面对一个新手客服的时候，网店经营者首先对其的培养是应该具备问问题的技能，也就是能够探寻买家真实的心理需求，站在买家的角度想问题。优秀的客服应该清楚知道：我不是想卖东西给买家，而是买家自己有需要，我只是在帮其挑选最适合的商品，这是我最擅长的。只有让新手客服明确这一点，才能够为店铺带来订单，并且能够为店铺留住老主顾。当然网店的后台操作、交易规则也是非常重要的。

例如，当一位买家咨询性价比高，而价格还非常低廉的商品的时候，客服在这种时刻，就不要再推荐那些价格非常昂贵的商品了，如果一味地推荐昂贵的商品，只会让买家的不满不断扩大，最终造成交易不能达成。而且买家对店铺的看法非常低劣，认为这家店铺是非常不实在的，不是一个好店铺，这样的想法传达给他周围的人之后，店铺在一定程度上会损失很大一部分的潜在客户，给网店造成非常不必要的损失。

因此，客服应根据买家的需要介绍商品，并且强调自己店铺中的商品是比较实惠的，可以说是特价款型什么的，虽然是特价，质量都是五年保修的，品质绝对有保障。这样做了之后，在买家收到商品之后，一定会给店铺一个大大的好评。而且会因此成为店铺的回头客，并且不断地把店铺介绍给自己身边的人。

（二）培养客服在面对买家攻击时的对待态度

毕竟，客服也是人，他们并不是出气筒，虽然在沟通中要做到有礼有节，但是当自己的权益受到非常严重的侵害时，网店经营者也不能让客服一味地忍让，客服要做的就只有争取了。当然前提是一定要做到礼貌平静和理性的。

例如，当客服人员遇到买家咨询问题时，当自己回答之后买家语气不对时，客服要立即说："不好意思，刚才说的话可能让您有所误会，我刚才的意思是……"在出现这种情况的时候，心态对于客服人员来说是至关重要的。要知道 99%的矛盾其实是来自误会，很多时候文字或者表情使用不太恰当可能会引起不必要的误会，这个时候要做到尽量不要起争执。

毕竟网店的客服和实体店的营业员还是有着很大的不同的，网店是用文字来与买家沟通的，而实体店的营业员是用语言来沟通的。在很大程度上，语言要比文字更具有说服力，有时文字会显得非常的苍白无力。因此，网店客服一定要熟悉自己所在行业的专业知识、商品、库存，还有价格制度、促销礼品、网店后台的操作等。并且打字速度一定要快，最好把买家常问的问题做个文档，碰到同样问题复制一下，当然也要根据每个买家的问题加以稍微修改，这样就能很快地回答了。这样做，在很大程度上能够让买家觉得自己被重视，从而信任店铺，成为店铺的常客。

实体店中的营业员可通过自己的肢体语言，从讲话的方法、对商品的熟悉程度以及着装获得买家的信任。但是网店的客服只能通过对话，靠文字的表达技巧和表情的运用来获取买家的信任，一定程度上比实体店中的营业员困难得多。

毕竟在购买的过程中，当买家对商品产生怀疑的时候，如何妥善处理才能保证交易顺利完成，这是客服人员首要解决的问题。对此，应该做到：

（1）首先肯定买家的疑虑，并给出相应的解决对策。客服人员在面对买家产生疑虑的时候，要做到首先认可买家的疑虑，说明这是很正常的，很多的买家都会有这种疑虑，然后把自己店铺的退换政策与其说明，保证如果出现问题，店铺会负责到底。当然，多少天能退货，退货换货所产生的费用谁出，都要有详细的说明。同时也要提出两人之间的聊天记录也是可以当成证据的，如若店铺不履行、不负责，买家完全可以投诉店铺。

（2）面对买家的无理取闹，巧妙应对。买家提出许多的要求，如又降价又索要赠品又要包快递，还缠着你非要卖给他，在这种时刻，客服人员要理解买家的心情，礼貌性地把店铺所有的价格政策和买家说明，一定要让买家清楚明白。比如客服人员可以这样说："商品的价格都是由直接成本、运营费用、营销费用、合理的利润综合得到的，还有店铺所有的商品价格都是实价销售，敬请买家您谅解。当然如若店铺有优惠的活动时，一定会让每个买家都公平、透明、清楚地了解。虽然您说的包快递确实是不过分，我也能理解。但是，公司有规定，商品的价格不是我们能擅自修改的，我们只能给您承诺收到宝贝，如果您不喜欢，您在90天内可以无条件退款，来回的运费我们出。实在是抱歉，您的要求我们可能达不到，但是您可以尝试先购买，有任何不满意都可以申请退款。"

买家在这个时候如果选择的话，那么99%就能够成交了，因为我们已经给买家一个购买的心理暗示，剩下1%不行的话就不要再强求了。毕竟客服人员是帮助买家挑选最适合的商品不是要强卖给买家商品的，所以做到极致就行了。

（3）快递和物流方面给买家造成损失时，客服人员要做到态度诚恳。要知道，当买家在收到商品之后，如果看到的并不是完整的商品时，那种心情相信大家都能够理解，因此，客服人员要做到不管是什么原因造成的，先道歉。而且态度一定要诚恳，即使是快递或是物流的原因，毕竟快递和物流也是网店经营者找的，快递或物流出的问题其实还在于网店经营者选择快递公司时没眼光，从而造成现在局面的出现。因此，客服人员一定要做到态度诚恳。

比如，可以这样说："对不起！都是我们的错，给您带来麻烦了，我一定要继续帮您追快递公司，我会一直打电话打到它们烦为止，您放心！"

也可以这样说："对不起，都是我们的错！给您把商品送丢了，我们立即帮您重新发一款过去，给您用最快的快递，实在很抱歉！"

只要客服人员态度诚恳地道歉和解决问题，相信买家也就会平息怒火，继续在店铺中购买商品。

（4）当买家给差评时，客服人员要理性应对。因为某些原因造成买家给店铺差评的时候，客服人员不要一时冲动去跟买家争辩，越是在这种时刻越是要理性应对。比如可以谢谢这位买家给的差评，客服人员这样说："谢谢您的差评让我们知道我们还有很多不足的地方，为此，我们为您提供一个 90 天无条件退款的服务，如果见到商品您不喜欢，直接退就行了。当然我们也尊重买家给我们的差评，我们会继续给每个客户做好售后服务的，不会因为买家给我们差评，就终止售后服务，这是我们的承诺，我们会遵守的！再次感谢这位买家！"只有这样做，才能收获买家的心，让其继续信任我们，还在店铺中购物。

客服人员切记不能威胁买家，更不能谩骂买家！这是最不明智的选择，因为后面进入店铺的买家一看到您谩骂的回复差评，也就会联想到自己，如果不满意给个差评也会挨骂的，从而对店铺产生抵触心理，造成店铺的信誉下降。

网店经营者只要让新手客服完全了解以上几点，并且熟练应用，就能保证自己的店铺运营顺畅，销售额节节上升！

三、客服日常工作培训

网店要想经营好，除了不能忽视新手客服的培养，一般客服的日常工作培训也不能放松。只有保障客服在面对买家的时候能够做到完美无缺，才能促使订单顺利完成，网店利润不断上升。

（一）客服日常工作的意义

（1）通过塑造店铺形象，提高店铺商品的成交率。对于网店来说，买家看到的商品是一张张的图片，而看不到卖家，因而就无法了解店铺的实力，往往会因此而产生距离感和怀疑感。在这种时候，网店经营者应通过客服人员和买家在网上交流，让买家感受到客服人员的服务和态度。要知道，在聊天的过程当中，客服人员打出的一个笑脸或者一句亲切的问候，都会让买家感觉到自己不是在与冷冰冰的电脑和网络打交道，而是和一个善解人意的人在沟通，这样，就能够降低买家的警惕心理，从而在买家心中为自己的店铺树立好的形象。当买家再次购物的时候，也会更优先地选择这家店铺，他们会觉得自己了解这家店铺，因而对其的信任度就会增加。

因此，网店经营者要培训客服人员在日常工作中耐心细致的服务态度，通过塑造店铺形象提高店铺商品的成交率。其实很多的买家在咨询客服人员的时候，很大程度上不是对商品本身有什么疑问，仅仅是想确认一下商品是否如实物一般，这个时候一个在线的客服人员简单的回答就可以打消买家的很多顾虑，促成交易。同时，对于一个犹豫不决的买家，一个有着专业知识和良好的销售技巧的客服人员，可以帮助买家选择合适的商品，促成买家的购买行为，从而提高店铺商品的成交率。有时候买家拍下商品，但是并一定是着急要的，此时在线客服人员完全可以及时跟进，通过向买家询问汇款方式等方式督促买家及时付款，以促成交易顺利达成。

(2) 更好地服务客户，赚取客户回头率。当买家完成了一次良好的交易之后，买家不仅了解了卖家的服务态度，也对卖家的商品、物流等有了切身的体会。因此，当买家再次需要购买商品的时候，第一个想到的就是卖家，也就是说他们会倾向选择自己所熟悉和了解的店铺，从而提高了客户再次购买的概率。

如果把网店客服人员仅仅定位在和买家的网上交流上，那么网店经营者就必须培训出有专业知识和良好沟通技巧的客服人员。只有这样的客服人员才可以给买家提供更多的购物建议，更完善地解答买家的疑问，更快捷地对买家售后问题给予反馈意见，更好地服务于买家。

(二) 客服必备的基本能力

也就是说，网店经营者在对客服的日常工作进行培训时，要保证培训过后的客服人员必须具备这些基本能力：熟悉电脑、快速录入能力和良好的性格及秉性。

网店所需要的客服人员一般不需要太高深的电脑技巧，只需要对电脑有基本的认识，包括熟悉 Windows 系统；会使用 Word 和 Excel；会发送电子邮件；会管理电子文件；熟悉上网搜索并找到需要的资料。满足这些条件就行了，而要求其必须具备快速录入能力是为了录入方便。

要求客服人员的性格和秉性比较好，是为了能够保证他们在面对买家的时候，能够做到以秉持诚信的工作态度，诚信待客；有足够的耐心在网上在线服务买家；能打消买家的疑虑，满足买家的需求；处理数十个订单时做到细心；设身处地为买家着想；用一个好的心态面对工作和买家，遇到不好说话的买家，懂得控制好自己的情绪，有技巧地应对。

(三) 客服须知的具备知识

在对客服人员进行培训的时候，应让其具备必知的知识，包括：商品的专业知识、网站交易规则、物流及付款知识等。

有关于商品的专业知识，客服人员要做到对商品的种类、材质、尺寸、用途、注意事项等有所了解，同时还要对行业的有关知识以及商品的使用方法等有比较深入的了解，以便于在面对买家提问的时候能够轻松应对。

而对网站交易规则的了解，需要网店的客服人员把自己放在一个买家的角度来了解交易规则，从而更好地把握交易尺度。此外，客服人员还要学会查看交易详情，了解如何付款、修改价格、关闭交易、申请退款等。只有这样，才能更细致地指导买家购物。

物流及付款知识客服人员也必须熟知。毕竟现在网上交易一般都是通过支付宝和银行付款方式交易。所以，有关于这方面的知识，客服人员一定要懂得。这样的话，就能更好地促使交易顺利达成。同时，在挑选物流公司的时候，客服人员也要熟知所有的快递公司和邮政等的快递业务。了解不同邮递方式的价格、速度、联系方式、查找方式，才能确保店铺发出的商品更快捷地平安到达买家的手中。

（四）客服要熟知的沟通技巧

客服人员要熟知的沟通技巧包括以下几点：

（1）端正的态度，当迎接买家时，客服人员要做到适时地送上一声轻轻的问候和一个真诚的微笑的表情。虽然说网上与买家交流是看不见对方的，但言语之间买家是能够感受到客服人员的诚意与服务的。切记不要让冰冷的字体语言遮住自己的微笑。

（2）树立买家永远是对的理念，打造优质的售后服务。也就是说，网店中的客服人员在与买家进行有关商品售后沟通的时候，尽量让买家觉得自己是受重视的。同时尽快处理买家反馈的意见，让买家感受到尊重与重视；能补发的最好尽快再给买家补发货过去。网店的客服人员除了与买家之间的金钱交易之外，更要让买家感觉到这次购物带来的乐趣和满足。

（3）对待买家要礼貌。虽然说有时买家只是随便到店里看看，但是作为线上客服人员，在这种时刻也要以诚心感谢买家。只需要说声："感谢光临本店"，就能让买家感到尊重和重视。只要如此下去，不怕买家不在自己店铺中购物。诚心致谢是一种心理投资，不需要很大代价，但是可以收到非常好的效果。

(4) 坚守诚信的态度，网店客服人员一定要时刻表现出自己坚守诚信的态度。也就是说，只要答应了买家的要求，就应该切实地履行承诺，哪怕是自己吃点亏，也不能出尔反尔。要让买家感觉到真诚，只有这样，才能促使买家成为店铺的老主顾。

(5) 说话的时候要留有余地。客服人员在面对买家的一些问题时，如果不能很好地解决，就要委婉地说话，千万不要为了不让买家失望就轻易说出保证。万一实现不了，就会失去买家的信任，对店铺的信誉产生不好的影响。所以在这种时刻，最好使用尽量、争取、努力等字眼，这样所产生的效果会更好。多给买家一点真诚，同时也给自己留有一点余地。

(6) 客服人员必须做到处处为买家着想，让买家满意，重要一点体现在真正为买家着想。处处站在买家的立场想买家所想的事情，把自己变成买家的助手。以诚对待，以心引导，是最成功的引导上帝的方法，也是最能收获买家芳心的方法。

(7) 客服人员要多听买家的声音。毕竟买家刚刚上门，客服人员不能马上判断出买家的来意与其需求什么商品，因此，需要先问清楚买家的意图，需要具体是什么样的商品，是送人还是自用，是送给什么样的人等问题。一定要了解清楚买家的情况，才能仔细对买家定位，了解到买家属于哪一种消费者。当买家表现出犹豫不决或者不明白的时候也应该先问清楚买家困惑的内容是什么，哪个问题不清楚，如果买家表述也不清楚，客服人员也可以把自己的理解告诉买家，问清楚是否理解正确，然后再针对买家的疑惑给予解答。

(8) 客服人员要有足够的耐心与热情面对买家，总之一句话，就是要让买家感觉到客服的热情真诚。千万不要说出一些伤害买家自尊的话语，那样除了会让自己店铺的信誉不断下降之外，也不会带来什么好的结果。

(9) 客服人员要能够给买家准确的推介。要知道，不是所有的买家对店铺中的商品都了解和熟悉的。当有的买家对店铺中的商品不了解的时候，在咨询过程中，客服人员要了解自己商品的专业知识，然后更好地为买家解答，帮助买家找到合适他们的商品。不能买家一问三不知，要是这样的话，客服人员最好还是早回家吧，这样做只会让买家感觉没有信任感，也就不想在店铺中进行购物了。

（10）坦诚介绍店铺中商品的优点与缺点。当买家问到商品的时候，客服人员在介绍商品的时候，必须要针对商品本身的优点和缺点一并介绍。虽然说商品缺点本来是应该尽量避免触及的，但是如果因此而造成事后买家的抱怨，反而会失去其对店铺的信用，得到差评也就在所难免了。这样的话，对店铺更是不利，还不如一开始就说明确。如果是追求完美的买家，那就不妨劝其别买了。

（11）时间控制要到位。虽然说回答买家问题的时候，要全心全意。但是在时间控制上也要非常到位。客服人员除了回答买家关于交易上的问题外，也可以与其适当聊天，这样可以促进双方的关系。但是客服人员自己要控制好聊天的时间和度。毕竟，客服人员的工作不是闲聊，还有很多工作要做，因此，聊到一定时间后，客服人员完全可以以“不好意思我有点事要走开一会儿”为由结束这次的交谈。既保存了买家的面子，也给自己空出了时间去迎接下一位买家。

四、学会客服五招必杀技

网店经营者要想经营好一家网店，其客服人员必须学会五招的必杀技，才能够顺利地拿下买家，增加店铺的订单率。

（一）用假定买家已经同意购买的心理，帮助买家进行商品的挑选

当买家一再出现在店铺中，发出购买的信号，却又犹豫不决拿不定主意时，客服人员要能够及时地出击，采用“二选其一”的技巧促使买家下定购

买的决心，促成交易顺利完成。比如，客服人员可以这样对买家说："请问您要那部浅灰色的还是银白色的呢?"或是说："请问是星期二还是星期三送到您手上?"此种"二选其一"的问话技巧，只要买家选中一个，那么其就已经下定决心购买了，交易算是达成了。

当然也会有许多买家即使已经下定决心有意购买，但其不喜欢迅速签下订单，总喜欢东挑西拣，在商品的颜色、规格、式样、交货日期上不停地打转。在这种时候，聪明的客服人员要有随机应变的能力，快速地改变策略，可以暂时先放下有关订单的问题，转而热情地帮助买家挑选商品的颜色、规格、式样、交货日期等，只要解决了这些问题，那么订单也就落实了，不会再改变了。

(二) 巧妙利用买家"怕买不到"的心理，诱导买家购物

在生活中，大家常说：得不到的最好。就是说人们常对越是得不到、买不到的东西，越想得到它、买到它。客服人员完全可以利用这种心理，也就是利用买家"怕买不到"的心理促成订单的形成。例如，客服人员可以这样对买家说："此种商品只剩下最后一个了，而且我们店里短期之内对这种商品也不会再进货了，您要是现在不买的话就没有了哦。"或者这样说："今天是我们店里有关该商品优惠价的最终截止日，请您把握良机，明天您再来就不是现在的这个价格了。"

像这样的说法，能够在一定程度上激起买家的购买欲望，让买家购买的时候不断地产生压力，"会不会自己点慢了一步，商品就被别的买家抢走了"，这种"怕买不到"的心理，能够促使订单快速地形成。

(三) 欲擒故纵，推荐试用装

相信很多客服人员都遇到过这样的买家，他们天生优柔寡断，虽然对商品非常有兴趣，但是在购买的过程当中，却是经常拖拖拉拉，迟迟不能做出决定。当客服人员面对这样的买家的时候，不妨收起自己热情的服务态度，装作忙着接待其他的买家，无暇顾及他们的样子。这样会给买家造成一定的

心理压力，从而让买家下定购买的决心，促成订单形成。

当然，这类买家之所以有犹豫的原因，可能是对店铺的商品没有信心，当出现这类情况的时候，客服人员要收起推销的技巧，站在朋友的角度，建议买家先买一点试用装看看。如果觉得商品还不错，再来购买。当然，这建立在客服人员对自己店铺的商品非常信任的基础之上，也就是说店铺里的商品一定要够好。只有这样做，才能保证买家在购买过试用装之后，会再来购买产品。这种销售技巧，虽然会造成刚开始订单数量有限，然而当买家试用满意之后，就有很大的可能给店铺带来大订单。推荐试用装的技巧也可以帮助买家下定决心对商品进行购买。

（四）利用反问式的回答，快刀斩乱麻

这是客服必备的必杀技，是让客服人员在面对买家的提问的时候，利用所谓的反问式回答，对买家进行推销，让买家顺利地下定决心对商品进行购买，增大店铺的订单率。当买家问到某种商品的时候，不巧店铺正好缺货时，店铺的客服人员就要运用反问来促成订单的形成。比如，买家问："你们这款裙子有白色的吗?"这时，客服人员不可直接回答没有，要对其进行反问："抱歉，我们现在只有黑色、棕色、粉红色的，这几种颜色里，您比较喜欢哪一种呢?"通过这样的回答，让买家不知不觉掉进来，从这几种颜色中选出一种，从而促使订单的顺利形成。当然，有可能买家在面对这种反问式的回答时，没有轻易地掉进来，这个时候就需要客服人员快刀斩乱麻。也就是说，当反问式的回答不能打动买家的时候，客服人员要紧接着使出"撒手锏"，快刀斩乱麻，直接要求买家签下订单。比如，非常直截了当地对买家说："您今天如果不购买的话，就会错过这个商品，如果您不想错过好东西的话，就快下单吧!"通过这样的销售技巧，让买家瞬间签单，增大网店的销售业绩。

（五）态度谦虚地请教买家销售技巧

当客服人员把以上四种销售技巧都运用之后，买家还是不为所动，也就

是说当客服人员费尽口舌，使出浑身解数都无效，这笔交易显然不能达成的时候，客服人员不妨态度谦虚地请教买家销售技巧。比如，客服人员可以这样说："虽然我知道我们的商品绝对适合您，可我的销售能力太差了，无法说服您，我认输了。不过，请您指出我的不足之处，让我能够有一个改进的机会！"像这种态度谦虚地对买家说话，不但很容易满足买家的虚荣心，而且会消除双方彼此之间的对抗情绪。当买家开始指出客服人员的不足之处的时候，也会不断地鼓励客服人员，同时为了给客服人员打气，不知不觉间就会签下订单。这是客服必学的五招必杀技中最厉害的一招，既能满足买家的虚荣心，也能让店铺的订单增加，正可谓是一箭双雕。客服人员何乐而不为呢？

五、售后客服最重要

在网店的经营过程当中，售后客服相当重要。网店经营者不能认为只要交易成功，就算是结束。其实交易成功才是真正的开始。网店经营者要想拥有回头客，需要做到在交易完成之后进行非常好的售后服务，让买家有一种宾至如归的感觉，从而成为店铺的长期主顾，同时向身边的朋友推荐自己的店铺，增长店铺的订单率。

因此，网店经营者要培训好售后客服的服务态度，毕竟，如果买家认为商品有问题，一般心情都非常的不好，会比较着急，害怕这件事情不能得到解决。此时售后的客服人员要快速反应，记下买家的问题，及时查询问题发生的原因，帮助买家解决问题。如果有些问题不能够马上解决，也要快速地告知买家："我们会马上给您解决，现在就给您处理……"让买家觉得店铺非常的实在，在放下心的同时也会更加信任店铺，从而为店铺赢取信誉。

同时，为了能够更好地为买家服务，客服人员还要做到热情接待、认真倾听并对其进行安抚解释，在进行诚挚道歉的基础之上，快速地提出补救的措施，及时通知买家，让买家有一种被重视的感觉。

（一）客服人员服务态度要热情

如果买家收到商品后对售后客服人员反映问题，客服人员要做到热情地对待，要比交易的时候更加热情，让买家感受到我们的诚恳，认为店铺绝对是诚信经营，不是收了钱之后就转脸不认人的，对店铺产生信任，在需要购物的时候就会自然而然地来到店铺中。如若表现得过于冷淡，买家就会认为这家店铺非常的虚伪，是属于刚开始的时候很热情，等钱收到之后就爱理不理的，这样买家就会对店铺失望，即使商品再好，服务不好，他们也不会再来光临了。

（二）认真倾听买家的投诉

客服人员在接受买家投诉商品有问题的时候，不要着急去辩解，而应耐心听清楚买家所说的问题关键所在，然后记录下买家的用户名、在店铺中所购买的商品，这样便于客服人员去回忆当时的情形，和买家一起分析问题出在哪里，才能有针对性地找到解决问题的方法。只有这样，才能让买家满意，觉得这家店铺还不错，打消给出差评的决定，让网店避免了信誉受损。

（三）对买家进行安抚和解释

售后客服人员在面对买家无理取闹的时候。首先要站在买家的角度想问题，他们之所以会无理取闹，原因出在哪儿？为什么会如此做？他们反映商品的问题，客服人员要先想一下，如果是自己遇到这个问题会怎么做、怎么解决，所以客服人员要这样跟买家说：“我同意您的看法”，“我也是这么想的”。这样买家才会感觉到你是真正在为其处理问题，而不是进行敷衍，这样也会让买家对你产生更多的信任，也就会更加信任店铺。因此，售后客服人员要和买家站在同一个角度来看待问题，比如说一些“是不是这样子的呢”，“您觉得呢”。还有在这种时刻，称呼也显得非常的重要，毕竟一个客服的话，肯定比不上一个团队的话有分量，因为团队并不是只有一个人，所以客服人员对自己这边的称呼要以“我们”来称呼，和买家也可以用“我们”来对话，“我们分析一下这个问题”，“我们看看……”这样会显得更亲近一些，对买家也要以“您”来称呼，不要一口一个“你”，这样既不专业，也显得非常没礼貌。

只有经过这些，不断地对买家进行安抚和解释，同时快速地为买家解决问题，才能扭转买家对店铺的印象，在避免店铺信誉受损的基础之上，为店铺赢取老主顾。

（四）发现问题出现在自己这边的时候，要对买家诚恳道歉，并及时提出补救措施

售后客服人员在面对买家的不满的时候，不管是因为什么样的原因造成的，都要首先诚恳地向买家致歉，对因此给买家造成的不愉快和损失道歉。毕竟，问题真的出现在自己这一方的时候，买家有多大的不满都是很正常的，店铺是理亏的一方，要放低姿态，诚恳地道歉。只有这样做，才能让买家觉得你已经非常诚恳的认识到自己的不足，这个时候买家也不好意思再继续不依不饶，不然就显得买家是多么的不堪，并因此而对店铺产生好感，成为店铺的常客。

同时，为了能够更好地为买家服务，对于买家因为商品问题产生的不满，客服人员要能及时提出补救的方式，并且明确地告知买家，让买家感觉到你是在为其考虑，对其进行弥补，并且很重视他的感觉。要知道，一个及时有效的补救措施，往往能让买家的不满化成感谢和满意。并且客服人员还要做到，给买家的商品所采取什么样的补救措施、现在进行到哪一步，都应该及时告诉买家，让其了解你的工作，了解你为此付出了什么样的努力。当买家发现商品出现问题后，客服人员首先担心的应该是问题能不能得到解决，其次担心需要多长时间才能解决。当买家发现补救措施及时有效，而且商家也很重视的时候，就会感到放心。从而更加信赖这家店铺，成为这家店铺的老主顾。

六、提高客服询单转化——HOLD 住你的上帝

想要在网店经营中做好客服，则必须要在服务中创造出销售业绩，也就是要提升客服询单的转化率，保证网店能够一直盈利下去。怎么才能提高客服的询单转化呢，这需要以下几种方法：

（一）薪资计算要合理

网店经营者要想拥有好客服，让客服全心全意地为网店做事，既关注成交率，又关注订单的大小，这需要网店经营者在给客服的薪资计算时要非常的合理，既能让客服感到满意，又不至于付出超出自己预算的薪资。只有这样，才能保障网店顺利地运作下去。

（二）给客服制定出服务标准

网店的客服相当于实体店中的营业员，需要经常面对各种不同类别的买家，不同的买家由于思维方式和购买商品的不同，需要客服人员运用不同的语言去交流，也就是要求网店的客服人员需要运用不同的文字表达语言来打动买家，从而促成交易。所以，网店经营者需要经常将客服集中起来做一些经验交流，通过各自的经验之谈来确定当面对不同买家时需要运用哪些聊天文字才能打动买家，从交流当中制定出标准化的聊天文字，以便于客服人员在面对不同买家时能够巧妙地引导其购买店铺商品。

例如，当自己的店铺中有抽奖的活动，但很少有买家玩的时候，网店经营者就需要思考为什么会出现这样的情况？该如何解决这种情况？

在现如今这个快节奏的社会当中，相信大家都去过肯德基和麦当劳，想一下，它们在推出新套餐的时候，是如何让大家熟知的呢？是每个点餐员在面对买家点餐的时候，都会问一句："您要不要尝试一下我们新的套餐？"就

这么简单的一句话，经过数次的重复之后，就能够让买家非常了解，从而顺利地把新套餐推了出去。

这样的推销方式简单又好学，网店经营者完全可以在给客服人员制定标准的时候，把这一条加进去，让客服人员在回答买家的提问的时候，最后都加一句话："最近我们店内有活动推出，推荐您看一下？"相信看到这一句的买家是不会拒绝看一眼的，看了之后，客服人员就可以顺势继续推荐，以促成交易顺利达成。

（三）不定时关怀客服人员

网店经营者要这样想，如果你都不对自己店里的客服人员好，那么能指望带着满肚子怨气的客服人员对买家好吗？这是不现实的，所以说，想要让自己店里的客服人员对买家好，首先你就要对客服人员好。

这种好可以表现在经济上，也可以表现在精神上。在经济上的关怀，顾名思义，就是合理的提成机制，要使客服人员看到自己工作的前景：只要工作卖力，就能收获更大的成功。因此当网店经营者在面对公认的比较优秀的客服人员的时候，可以考虑通过升职或者奖金等不同的激励手段，这样做可以鼓励客服人员的工作士气，促使订单率一路上涨。

而在精神上的关怀，则需要网店经营者时不时对客服人员进行夸奖和培训。夸奖，顾名思义就是网店经营者要做到每天都能不经意地对客服人员进行夸奖，让客服人员每天都能保持愉快的心情。用愉悦的心情去接受买家的咨询，订单的增长就会一发而不可收。因此，网店经营者要经常问一下自己，最近这个星期我夸奖他们了吗？要知道每个人工作一段时间多多少少都会有进步的，网店经营者要试着多看优点，用表扬优点代替批评缺点。让客服人员心情愉悦地接受批评，提高店铺的订单率。

当然，除了夸奖，培训也是不可少的。因为只有通过内部培训才能帮助客服人员快速地成长，只有他们学到东西了，店里的服务水平才会提高。客服的询单转化率才会增高，才能真正地 HOLD 住你的上帝。

盈利策略 10　如何获取好评率

一、好评是最好的宣传

在网上开店，成功避开纠纷，赢得好评是一门学问，是网店经营者所必须要学习的。要知道，好评是网店最好的宣传。通常情况下，引起纠纷的原因有很多，而作为网店经营者，如果控制得不得当，很容易出现疏忽。当出现中评和差评时，经营者首先要与买家进行真诚的沟通，了解引起纠纷的原因。究竟是因为产品质量不过关还是因为物流公司的问题，再或者是因为买家一时冲动买下产品，却在收到货之后发现与自己想象中存在着差距等。只有明确了原因，才能对症解决。

通常在这种情况下，网店经营者需要积极引导买家修改评价，通过一切的沟通工具，包括阿里旺旺、QQ 或者电话与买家进行沟通。当然，网店经营者首先态度要诚恳，如果的确是自身问题，经营者一定要主动承担起责任，并给予买家相应赔偿，让其撤销中评或者差评。那么，网店经营者要如何做才能赢得 100%好评率，才能成功利用好评为自己的网店进行宣传？这就需要网店经营者关注以下几点：

（1）注重商品质量。商品的质量保证是获得好评的核心。只有让买家对商品的质量感到满意，他们才会愿意给出好评。

（2）在交易前适当了解买家。沟通很重要，这一点相信网店经营者很清楚，所以在交易之前，网店经营者可以查看买家的信用评价，并通过交流与沟通适度了解买家的性格，并尽量满足不同买家的不同要求。

（3）发货要做到认真仔细包装。在发货过程中，商品很有可能会遭到挤压，这要求网店经营者一定要在包装上确保商品的安全。尤其是数码产品、音像制品等抗摔、抗压能力差的商品。

（4）跟踪物流，查看商品送达的进度。长时间的等待会让买家失去耐心。因此，网店经营者要想办法让买家尽早收到商品。这要求经营者要对商品物流进行跟踪，高度关注商品的送达进度。

只要以上四点网店经营者都能做到，基本上就能够摆脱中、差评了。但是也不是说完全就能够摆脱了，当网店经营者千辛万苦卖出一件商品之后，评价出来一看，竟是个中评甚至差评，就好像自己好不容易熬好的一锅粥被一颗老鼠屎给弄坏了一样。当面对这种情况的时候，网店经营者要根据这种典型的买家进行分析，制定出应对措施，为获取 100%的好评率努力。

（一）了解买家，评估其风格

正所谓林子大了什么鸟都有，买家的风格也是千变万化的，尤其是处在网络交易的初级阶段，什么样的买家都会出现。绝大多数的买卖双方都是诚信经营和公正评价的，这里针对几种比较容易引起交易风波的买家进行分析。

（1）第一次进行网上购物的初级买家。这类买家往往是朋友介绍或者是无意中进入网店购物。他们对网络交易还比较陌生，也正是因为陌生，所以他们无法完全信任网店经营者，这时就需要网店经营者对他们进行引导。这种初级买家中有的会比较爽快，他们会完全信任网店经营者。但也存在不了解交易规则，发货后不及时确认货款，不给评价，或者随便给中、差评的买家，所以这一类买家通常会让网店经营者又爱又恨。

如何评判：关注对方注册时间、等级，通过聊天了解他们的性格。

应对策略：事先要了解这类买家配合的环节，尽可能地达成共识，因为这一类的买家多半还是好买家。总之，网店经营者要多加引导，通过言语与之沟通，从而建立信任。

（2）购买时间紧迫的买家。这类买家一般都会比较急躁，或者还会有一些特别要求，如果达不到要求，他们往往是不会愿意购买的。对于这类买家，网店经营者可以通过对物流公司、供货商供货速度的评估，以及物流一两天误时的预估，来判断是否可以达到买家在时间上的要求，如果可能性在80%左右，则选择交易；否则，宁愿不赚钱也不要接这单生意。

如何评判：通过言语沟通就可以迅速确定。

应对策略：正确评估自己的到货时间能够达到买家的要求，达不到就不要成交。

（3）挑剔的买家。这类买家也可以称其为完美主义型的买家，他们擅长的就是在鸡蛋里面挑骨头，十分重视商品的质量和服务。当然，也有些是经验丰富的买家，他们是专门通过这些方式来和网店经营者杀价。他们通常都会给中评，交易过程不愉快，差评也有可能。

如何评判：这类买家总是会在购买前花大量的时间与网店经营者进行沟通，并且执意要求看商品的实物照片，反复询问商品方方面面的信息，要求非常多。

应对策略：挑剔的买家不一定就不是好买家，建议大家要具体问题具体分析。其实只要自己的商品质量有保证，网店经营者大可不必惧怕这类买家。恰恰相反，他们一旦认可了一家店铺的商品，通常都会继续来光顾，甚至还会带来自己的亲朋好友。

（4）“吝啬”的买家。这里的吝啬包含了三种类型：生性吝啬、近期经济窘迫和假装窘迫却是经验丰富的杀价买家。

如何评判：

1）生性吝啬的买家。喜欢一元拍低价产品、喜欢货比三家、喜欢平邮。

2）近期经济窘迫的买家。喜欢间隔一段时间来询问产品是否可以优惠。

3）假装窘迫却是经验丰富的杀价买家。擅长说一堆好话取悦网店经营者，还喜欢拿别家商品进行对比而以此进行杀价。

应对策略：

1）生性吝啬的买家。面对这种买家的时候，网店经营者要尽可能地满足其合理要求，并向他推介店里价格相对较低的产品。如达成一致，可成交；沟通不愉快，宁可不成交。

2）近期经济窘迫的买家。同样，网店经营者要尽量满足他的合理要求，节省其购买成本，并推荐一些价格相对较低的产品。此外，最好能够给其赠送一些小礼品，买家收到商品的同时，必定感觉到惊喜，继而给出好评。

3）假装窘迫却是经验丰富的杀价买家。在面对这样的买家时，网店经营者要格外小心，因为他们往往会将价格杀到最低，甚至还会继续挑毛病，所以如果网店经营者“道行”太浅还是尽量不要跟这类买家做生意。

（5）贪婪的买家。这类买家生性贪婪，喜欢赠品，喜欢红包，追求其利益的最大化就是他们网上购物的终极目标。

如何评判：一定要你给赠品才购买，红包要够大才有吸引力。

应对策略：遇到这种买家，网店经营者需要结合自身因素以及对方的“胃口”，如果满足不了，就不要勉强交易，因为这样的买家有可能因为没有达到自己的目标，就以中评或差评作为报复手段。

（6）购物顶多给中评的买家。这样的买家或许不多，但是确实存在，可能在他们的理念中，中评就等于好评。所以，如果碰上这样的买家，网店经营者还是少交易为妙。

如何评判：看其过往的交易记录和对其他网店经营者的评价。

应对策略：如果你重视好评，以 100%好评作为你经营中的伟大目标，还是不要与这种买家进行交易最为稳妥。

在每次交易之前，除了通过上面的步骤去了解准买家之外，下一步必然要做的是分析买家的信用以及之前交易的评价情况。

（二）仔细查看买家的信用以及对其他经营者的评价

（1）看好评率。好评率是所有曾与其交易的卖家对买家的一个综合评价，具有非常重要的代表意义。

(2) 看卖家的评价语言。看完好评率，应往上翻看一下每笔交易卖家们给的评价，通过卖家的评价可以了解准买家的性格、为人等各方面的信息，重要的还是其信用问题。

(3) 看是否有中评或差评：如果不是 100%好评的，一定要看哪笔交易得了中评或差评，要看具体卖家对其的评价语言，看完卖家的评价，再看买家对卖家的评价，两方权衡后再进行综合判断，在这笔交易中究竟是哪方做得不够好。这一步至关重要，通过对这些评价语言的分析，网店经营者就可以对自己的准买家有更深入的了解。

(4) 看是否有过货到不付款的惩罚。有些买家买了东西总是喜欢迟迟不付款，拖累卖家的资金周转，警告仍无济于事的话，卖家就会投诉淘宝，投诉成立后买家信用里就会出现“货到不付款”的惩罚。如果遇到屡次被罚的买家，网店经营者则要小心为妙。

(5) 看其对其他卖家的评价。从他们对别的卖家的评价可以多少了解一些准买家的情况，看他们通常都比较重视哪些环节，然后网店经营者需要在他们比较敏感的环节中多加留意。

(6) 查看准买家过往曾买过的商品类别。通过查看准买家过往所购买过的商品类别，卖家可以大体了解到他的爱好、经济水平、消费习惯等信息，进而能对他做出更合理的判断。

以上是赢得 100%好评时网店经营者应当提前知晓的环节以及两大绝招，网店经营者可以根据以上绝招去对付那些“疑难杂症”型买家，一般情况下，可以起到很好的作用。如果网店经营者都能够做到“兵来将挡，水来土掩”，那么要长久保持居高的好评率也并非难事。

只有做到以上这些，才能保证网店赢得 100%好评，买家不断上门，订单一路上涨。

二、六招提高网店好评率

在现代网店的经营过程中，想要利用好评来为自己的网店做宣传，就需要有很高的好评率，但并不是所有的网店都能够轻松地赢取 100%的好评率。因此，需要网店经营者通过学习本书的六招，不断提高自己的网店的好评率，带动网店销量的持续提高。

（一）选款和图片一定要到位

作为网店经营者应该都知道，一个好的款式和商品质量是最能让买家感到心情愉悦的，自然，好评也会水到渠成。因此，在对网店的商品进行选款的时候，网店经营者一定要对商品的款式、材质以及细节进行甄选，如线头、吊牌等细节的做工尤其要注意。并且性价比也不能忽视，网上购物的买家其实主要还是以淘性价比为主的，所以好品质的商品再配上合理的价格，就更能让买家大呼赚到，从而毫不吝啬地给出好评。

当然，选款确定之后，想要吸引买家到自己的店铺中进行购买，这还需要网店经营者在网店中放入的商品图片与实际相符，并且细节展现得特别漂亮。因为商品主图及细节图片好坏是网店商品在众多同类商品中能够吸引买家的一个重要因素，清晰美观是它的基本要素。不管网店经营者用什么方法去造就它的清晰美观度，都要切记不能做得太过。太过会造成商品图片脱离了实物标准，让买家在收到商品之后觉得与图片不符，从而给出了中差评，因此，为了避免这样的情况出现，网店经营者应在清晰美观的同时最大可能地原貌展现实物，因为买家无法亲眼看到商品实物，只是通过图片去了解、直观地定位网店的商品产品。当买家看到商品图片后，会对商品寄予看到的甚至更高的期望值，如果在买家收到货后，落差太大，后果可想而知，有可能给予中差评之后，还会进行投诉退款。

因此，网店经营者在选款到位的基础之上，一定要保证商品的图片展示也要明确到位，让买家收到商品之后觉得和图片一致，物超所值，才能顺利地赢取到好评。

（二）售前和售中服务水准保持一致

在选款和商品图片选择到位后，网店经营者还要保证店铺的客服人员在售前和售中的服务水平保持一致，当有买家来询问商品时，客服人员的回答要足够的仔细完善，能够帮助买家清楚地解决疑问。只有保证客服人员在回答买家问题时清楚详尽，并且懂得举一反三，买家问到一个问题，就要想到他下一步有可能要问到什么，然后清楚明白地争取一次性回答他的所有疑问，不让买家"浪费口舌"，才能让买家对店铺的第一印象非常良好，为好评的出现奠定基础。

当然，在售中的时候，客服人员也要保证服务水平与售前保持一致，不能当买家付款后，就对其置之不理了。有可能买家还会提出疑问，甚至有的时候会提出特别的要求，这个时候需要客服人员仍然能够保持售前的服务水准。不要在买家付款后，态度就来一个一百八十度的大转变，敷衍了事。这样的客服人员会让买家非常生气，并会因此而对卖家产生厌恶感。如果出现这种情况，就会增加网店中差评的概率，会让买家在收到货品后更加挑剔，会加剧网店失去"买家成为老客户"的概率。

为此，网店经营者要让客服人员真正做到售前、售中服务态度保持一致，只有这样，才能为获取好评打下坚实的基础。

（三）商品包装要非常仔细周到

当买家付款之后，网店经营者要开始对商品进行包装，确保商品的包装仔细周到，因为包装间接体现网店的经营态度，买家能够通过商品的包装感觉到自己被卖家重视的程度。因此网店经营者要做到：能防震要尽量去做防震；能防水要尽量去做防水；能做到多精美就要多精美。千万不要因为怕麻烦而对商品简单粗陋地进行包装，会给商品在运输过程中造成风险。如果商品包装仔细周到，能在很大程度上规避运输途中出现的风险，降低网店出现中差评的风险。当然，如果条件允许，网店经营者最好能把商品包装流程化，这样能够在最大程度上避免出错，增加网店出现好评的概率。

（四）发货要快，并且要全程跟踪

当商品包装完成之后，网店经营者一定要尽快发货。因为作为买家，一般在付款之后，都希望商品能够马上到手，那么，如果网店经营者能够将发货的过程及时通知到买家，想必买家对网店的好感就会急速上升。因此，网店经营者在商品包装完成之后，发货一定要快，并且全程跟踪，及时告知买家。

如果因为某些原因导致发货延迟时，网店经营者应主动及时地联系到买家，诚恳地告知其具体情况。千万不要等到买家自己张口问了，才告知人家原因，更不要明明没有发货却硬着头皮说已经发货，故意欺骗和拖延买家。这样做，只会让店铺失去信誉。要知道，网店的诚信态度是买家好评和回头的根本。只有诚信才能给网店带来好运和好评。如果网店经营者诚恳道歉，买家一定会理解的，所以切勿欺骗。

网店经营者在选择快递公司的时候一定要十分慎重，快递是目前中差评买家给的最多的一个环节，所以选择服务好、态度好的物流公司显得尤为重要。试想，如果你是卖家，遇到某物流公司快递员将包裹直接丢到地上说：“赶紧签！我等着走呢！”遇到这种情况的时候，每个人应该都不会给出好评了吧。因此，为了避免出现这样的情况，网店经营者在选择快递公司的时候要做到慎之又慎。在挑选好物流公司之后，最好能够与物流公司商谈好物流跟踪的事情，只有在帮助买家跟踪货物基础之上，才能够让买家省心省事。并且发现货到达买家所在当地的，可通过沟通工具提醒买家注意查收，这样买家对卖家的好感就会急剧上升，出现好评的概率也会大大增加。

（五）售后服务要细致

当买家收到货后，网店的客服人员在进行售后服务的时候，一定要做到细致。如果买家还有什么疑问的时候，客服人员要耐心细致地进行解答。如果商品出现问题，并且责任在于己方的时候，网店经营者要勇于承担，千万不要急功近利，回避问题。网店看重的是将来而不是眼前的利益。如若买家从一家店铺中购买了商品之后，收货之后，发现商品出现了问题，还没有具体提出问题的时候，这时需要网店经营者主动追问具体的情况并寻找造成商品问题出现的原因，一定要做到三番五次主动要求退还部分款项给买家。只有这样做，才能让买家感动，并最终被网店经营者所感动，最终的结果也就会是好评+不退款！在售后服务的时候，只要真心地为买家着想，买家就能体会到，网店的好评和他成为老主顾就离得不远了。

（六）用返利吸引好评，用心留住老主顾

在买家收货之后，并且确保商品完好无损之后，如买家还是不想给予店铺好评时，需要网店经营者通过运用不同的返利手段，吸引到卖家的好评（这一点在下一节中会具体地阐述）。为了能够在短时间提升网店的好评率，网店经营者完全可以利用好评有礼的方式，根据利润空间及自己承受的能力，选择好评、返款 5 元等方式。从而让买家在利益的驱动下，给出更多好评。不过这样做，也不一定能够完全地留住老主顾。

因此，当网店经营者在面对老主顾的时候，一定要用心去做，毕竟老主顾对店铺的忠诚度相对较高，不容易给出差评。通过更多的老主顾营销可以帮助店铺提升好评，从而稀释差评。需要网店经营者经常和老主顾进行沟通，作为朋友似的聊天。在其生日的时候发些电子生日贺卡等，维护住自己的老主顾，增进感情为他/她的再次回头购买和他/她给出好评的概率奠定良好基础。

综上六招，如果网店经营者都去做了，并认真地去提升了，那么相信不久的将来，网店的好评和动态评分都会有不错的提升。

三、用“返利”吸引好评

在网店的经营过程当中，好评是直接影响到买家购买意向、提高网店转化率的重要原因。试想一下，一家网店，好评如潮，那么轻易就能吸引到更多的买家注意，也会让更多的买家介绍自己身边的朋友一起来关注，从而达到最佳的推广效果。所以，轻松地运用不同的返利手段，吸引到卖家的好评，需要做到以下几点：

（一）设置给好评送彩票

在现今的社会当中，不给出一点小利，很多的时候收获不到自己想要的。因此，网店经营者可以通过设置给出好评就送彩票给予卖家的活动，要知道，彩票本身价值并不算太高，一注只需 2 元，只要商品的利润成本控制好，拿出 2 元出来奖励给买家，让买家因此而给予店铺好评的事情是完全值得做。

很多时候，买家也知道网店的商品是好的，但可能因为生性懒惰，不愿去写好评，甚至有的买家只要货到了，后面的事情就不再管了，让系统默认地去自动确认收货，自动完成交易。这样的买家对于卖家来说，是需要花费心思去笼络的，需要网店经营者对其进行利诱，让其有理由去给店铺写出好评。彩票既能吸引到买家，又不至于付出超于网店经营者本身的利润，是非常适合用在这样的买家身上的，毕竟如果放弃了这样的买家，就需要网店经营者再受苦受累地接下一单，这等于是浪费了一次好评的机会。其实，这样的买家，是完全可能为网店写出好评并成为网店的忠实朋友的，只是因为网店经营者没有做好，而让好评付之东流，是非常可惜，也是不可取的。

因此，通过设置彩票优惠，让买家更关注自己的店铺，更积极地为自己的店铺增加好评，轻松地让好评涨起来！这是每一个网店经营者应该做到的，给买家一点动力，会创造出一个奇迹，要知道细节决定成败，只要网店经营者能够付出，那么就能有明显的收获。通过设置彩票优惠，以促使买家更积极地为自己的店铺写出好评。

（二）写好评送优惠券

网店经营者在面对不想写好评的买家的时候，也可以采取只要其写好评就送其店铺优惠券，当其第二次在本店购买商品的时候，就能用优惠券来抵现金。这样做不仅能在一定程度上为网店提升好评率，同时也能够提升网店的回头率。毕竟优惠券只有在自己的店铺中才能够使用。

只要网店经营者和买家商谈好之后，就能够用写好评送其优惠券的返利技巧，让买家不仅心甘情愿写好评，而且还成为店铺的老主顾。

（三）写好评返现

有的时候彩票和优惠券可能还是吸引不了一些意志坚定的买家，这个时候，就需要网店经营者再出奇招，那就是只要写好评就返现，直接返钱。网店经营者要切记千万不能在买家给了差评之后，才想到给其返利，要在商品寄出之后，就和买家商谈好，只有写了好评，网店才给其返现。

这样做，对于买家来说就是只要写好评就返钱，这是最直接的优惠，很少有买家能够抵挡的。一开始就与买家说好，好评就返钱，而不是给予其店铺优惠券什么的，对买家来说最希望得到的就是最直接的优惠，返钱也相当于在商品固定的价格之上直接优惠，只是这个优惠要在自己写了好评之后才可以得到而已。如果是这种只需要写一个好评就能够得到返还的一些现金，就算买家心里对于此次的购物过程并不是十分满意，也不会对此再吹毛求疵了，毕竟那是实实在在返的钱，因为这个，他们也都会写出好评的。

当然，网店经营者想要做好评返钱，就必须把这个“好评返钱”的信息传达给买家。但是人工的好评打款，工作效率会比较低下，而且也可能会出现忘记返现的现象。为此，网店经营者最好借助一些工具来实现。

只要网店经营者能够根据上述提到的三种好评促销的手段去做，就能够帮助卖家提升自己网店的好评度。不过，毕竟这样的方式始终是治标不治本的，在网店的经营过程当中，商品的质量才是关键，而服务也必须要深入人心。因此，网店经营者们最主要的还是要做好商品的质量和服务，再加上这样的返利，想不收获好评都难！

四、网店经营定当避开“雷区”

2012 年 5 月 11 日下午，一位来自武汉淘宝 VIP2 级的买家在淘宝论坛发出了一篇帖子。此帖一出，引起数万网友争相关注，纷纷发表自己的观点。据发帖人称，有人在网上买了一套小孩寿衣给自己邮寄了过来，这对于当事人而言无疑是当头棒喝，旁人乍一听也会不寒而栗。而这个恶劣事件，却是由一个网店的差评引起的。

事件：女大学生发帖——包裹里面竟是一套寿衣

在帖子中，买家将事情的原委详细地陈述了一遍。她是一个十足的网购迷，是一名在校女大学生。2012 年 5 月 10 日下午，她收到了一个由北京海淀寄出，无具体地址的中通快递。打开一看，里面竟是一套寿衣！她收货后当即拍下了照片，迅速报警并且与包裹上的发件人取得了联系。但是，发件人李小姐的电话信号非常不好，只得知她在淘宝网上开的是卖佛教用品的店铺。后来，李小姐短信回复说是这套寿衣是由一个叫××××的山东 ID 购买的。

得知这一点后，发帖人立刻上网“人肉搜索”该淘宝 ID 的相关资料。在浏览该 ID 的主页收藏记录中，发帖人无意中看见了一条十分眼熟的外贸裙子。经回忆，她想起自己曾经买过这样一条裙子，并且因为一些原因而给予了差评。在评论中，发帖人称：“裙子收到后，发现跟描述的不一样，但客服态度很强硬，淘宝介入没有达成一致。”5 月 7 日，发帖人给予了一个差评。根据快递信息显示，这套寿衣是 5 月 8 日寄出的，5 月 10 日到货。尽管没有证据能够证明购买寿衣的 ID 和之前的裙子网店经营者有何关联，但是发帖人表示，这次寿衣事件可能就与之前的差评事件有关。

追踪：

通过对这位发帖人淘宝信用记录的搜索，记者发现她是一位黄钻买家，交易次数已接近 400 次。然而，从 2011 年 10 月到 2012 年 5 月，她在购物评价中给予网店经营者的中评和差评多达数十个，甚至连付邮试用 6 元、10 元的商品都不能“幸免”。

例如，在购买 10 元试用的相宜本草小套装（包括 1 个金缕梅洗颜泥、1 个沙宣、2 个暖宝宝、3 个足泡）中，发帖人认为“一点都看不出价值 10 元钱，准备退货的，后来算了”。随后给予差评。

此外，对于 6 元试用，她做出了“不透气，客服小鱼态度极差，还说要投诉我，我反映的是真实情况，他还说自己是店长，不知道是否属实，我只想说有这样的店长真的很无语，希望你家能在这样的经营者的带领下生意越来越好吧，投诉消费者，你厉害！”的好评，店家在评价中解释“亏还是个大学生，6 元钱试用，拍了人家的东西，还要人家还 6 元给她，替你爸妈丢人”。后来据网友估计，这条好评是经双方协商之后才改成好评的。甚至还有网友质疑，这位发帖人是不是通过差评来要求商家退款补偿的“职业差评师”？

5 月 12 号晚上，那家卖裙子的客服在记者的咨询下表示“事出必有因，我们不否认也不承认，只要相关机构拿出过硬的证据，我们就认栽，如果相关机构拿不出相应的证据就把我们店铺封了，我们会追究到底”。

想必很多喜欢网购的人在听闻寿衣事件后都会大惊失色。那么，何为职业差评师？网店经营如何才能避开这些“雷区”呢？

职业差评师，顾名思义，就是靠给别人差评生活的人，是由淘宝网催生的新兴职业。淘宝上有很多恶意买家做起职业差评师，专门以给网店差评为手段索要网店钱财，甚至还出现多人合作的“团伙作案”，给淘宝网店经营者造成巨大伤害。

（一）职业差评师在选择差评对象的时候也有自己的规律

（1）选择3钻以下的店铺的原因。因为3钻以下的店铺通常可以算是网店销售大潮中的弱势群体。它们基本都处于起步阶段，所以会比较在意中差评，因为任何一个差评都是致命的东西，足以让它们难以生存。信誉高的店铺根本就不会在乎这样的差评师。所以职业差评师是不会去选择那些信誉高的店铺，因为攻击那样的店铺只有损失。

（2）选择没有或者很少的中差评的网店的原因。因为这影响到好评率和信誉度，如果网店有很多中差评，那就不会在乎再多一个了，所以职业差评师是不会选择攻击那些中差评比较多的网店的。

（3）选择东西产品便宜的店铺的原因。由于职业差评师也并非每次都得手，所以他们必须全面考虑。也就是说，如果网店不屈服，那就意味他们要"失手"了，如果产品很贵重，损失也就增大了。所以通常情况下，职业差评师都会去选择那些比较便宜、比较易碎的东西，那些都是比较容易得手的。

（4）选择地域的原因。一般情况下，职业差评师都会选择地方相对较远的店铺进行交易，收到东西后，他们就会说你的东西坏了，怎么办，要不我邮寄给你，你再给我邮寄一个新的。可是，地方太远，邮费比产品价格都贵，所以网店都会选择赔偿一些钱来了结此事，一旦赔钱，就意味网店经营者上当了。

（二）网店经营者如何应对职业差评师

（1）那些连产品质量、产品价格、是否有货都不过问就直接拍东西的买家，需要经营者注意。首先要看看这个买家的地址是否很远，其次要看看他购买的产品是属于何种性质、是否易碎等。例如有人花1元钱去买一帖面膜，而邮费就10元，这样就特别值得怀疑。

遇到这种买家的时候，你必须尽快联系他，阿里旺旺或者直接电话联系，如果你认为他十分可疑，那就直接告诉他这款没货了，然后退单。当然，在这个过程中，你要客客气气的，因为这些人是不好得罪的。

(2) 问得特别详细，主要是问一些专业问题的买家，网店经营者需要注意。他们很有可能是同行，而且手中还有同一款式的东西，不过是坏的。

遇到这种情况，可不予理睬，让他自讨没趣地离开你的店。

(3) 买家要求必须发某某快递。假设他的地址很多快递都能到，但是他偏偏要求指定发某一个快递，否则就拒收，即使你告诉他，那个快递不仅贵而且慢，但他还是执意要发那个快递，这时网店就更需要谨慎了。因为这样的买家很有可能和他所指定的那个快递公司的某个快递员关系比较好，到时候东西邮寄过去是好是坏就是他们说的算了。遇到这种情况，万不可进入圈套，踏入“雷区”。你可以告诉买家无法发他所指定的快递，如果他说退货，你就退给他，多一事不如少一事，宁可不赚钱，也不能给自己带来无穷后患。

此外，如果你真的决定做某单生意，要将准备工作做足，小心+细心=安心。注意以下几点：

真诚地对待每一位买家，警惕每一位“可疑人士”。其实绝大多数的买家都是善意的，如果你对你的产品质量足够自信，完全没有必要去担心这些所谓的“雷区”，尽可能地避开也是十分有必要的。

遭遇差评并不可怕，可怕的是对待差评不理不睬甚至以恶报恶的态度。很多买家都是通情达理的，他们给出差评是因为自己的利益受到了损害。只要网店经营者能够真诚地去对待买家，并且保证质量问题，店铺一定会远离恐怖的差评。

五、用心留住老客户

常年网店经营者在选择热销产品、价格定位、物品上架、网店设计、订单确认、及时发货、同行竞争、买家投诉、售后服务种种环节中早已是身经百战。但是，大家有没有想过，如何才能留住自己店铺的老客户。毕竟在现代社会中，买家的需求日趋多样化，选择余地也空前丰富。在同等条件之下，用心留住老客户，考验的是网店经营者的服务意识。要知道，服务水平在网店的经营过程中就是竞争的王牌。只要能够利用服务留住老客户，让店铺的好评一直居高不下，那么网店就能够正常运转下去。但是如果没有留住老客户，造成客户流失，会给网店带来一定的损失，同时也会失去一定的信誉，这些都不是短时间内网店经营者靠手段就能够弥补回来的。

根据营销研究数据显示，开发一名新客户的成本相当于维护一名老客户的 5~10 倍，这是很多商家的同感，大家一致认为“老客户较容易沟通”。这些数据也适用于网店的经营，试想，如果是维护老客户，那么需要付出的是售后服务中的一些时间，但是如果是开发一名新客户，则需要网店经营者把网店从前到后所有的服务都用在一起，即便是这样做，也可能得不到这名新客户。因此，网店经营者要花一些时间去维护自己的老客户。那么如何维护这些珍贵的老客户呢？则需要网店经营者做到以下四点：

（1）诚实守信的服务态度。网店经营者在面对老客户的时候，要一直保持诚实守信的服务态度，只有这样，才能让老客户觉得卖家十年如一日的工作，会因此更加信任卖家。因此，网店经营者要做到，无论是直接进货还是加工生产，一定要确保商品质量一直不变。并且在商品的陈列过程当中，要保证图片和实物相符，说明要求细致清晰。在发货前要再次抽检或全检。不断告知买家快递的递送时间，并且与实际情况保持一致，按时发货的同时所承诺的售后服务及时兑现。只要网店经营者能够一直保持不变，那么老客户也就会一直雷打不动地在自己的店铺中购物了。

（2）与老客户的沟通一直保持。网店经营者在经营网店的过程当中，应始终与老客户保持沟通，不能与老客户失去联系，不然就会让老客户觉得自己被忽视了，从而放弃继续在这家店铺购物的准备。因此，网店经营者要时常地通过与老客户进行邮件或电话交流，既让老客户感觉到被重视，也详细了解了老客户的个性，为以后的推荐打下好的基础。同时，要及时耐心地回复老客户的询问。当其购买的商品出现问题的时候，应及时主动地通知老客户。事实证明，生意越成功的网店，其客服人员在回复客户问题的时间往往越及时。如果老客户的问题得到有效解决，不仅能帮助网店业务改善，也会给客户下次再来购买创造机会。

（3）在店铺推新和价格优惠的时候及时通知老客户。网店经营者在店铺即将推出新的商品的时候，要及时地通过邮件、电子期刊或者店铺网站内的论坛等形式将自己的新产品推荐给老客户，让其感到被卖家重视的感觉。对于在店铺中购买次数多、金额大的老客户，网店经营者可以采取邮寄销售手册的方式对其进行推荐。同时，网店经营者还要注意通过业务报告工具，或者是与老客户之间的交易记录下载分析出哪些老客户是最具购买潜力的，对于这些老客户要更加重视，通过更优惠的政策留住。网店经营者应利用节假日有计划地给老客户提供折扣优惠，如进行会员制积分换购，或者免运费，或者奖励推荐新客户等活动。通过这些，既留住了老客户，还为自己的网店迎来了新订单。

（4）在沟通工具中开辟出与老客户的交流空间。网店经营者想要留住老客户，除了以上三点，还需要做到在沟通工具中开辟出与老客户的交流空间，提供买家评价、买家论坛、买家博客等一系列的服务，或者进行买家设计之类的竞赛。通过这些，在提高网店人气的基础上，获得老客户的认同感，加深与他们之间的情感联系。网店经营者会发现生意做久了之后，店铺销售的不仅仅只是商品，也是文化。了解老客户的喜好，才能在激烈的竞争环境下不断赢得商机。总之，不管环境如何变幻、商品如何更新、价格如何变动，网店经营者只需要做到始终如一地对待客户，才能留住老客户，把握住财脉，为网店带来好评。

六、绝招与悖论：刷好评的优与略

在现代的网络销售当中，随着店铺对好评的需求不断增长，网店刷信誉现象也随之产生。为此网上也产生了分歧，有的人觉得这是网店盈利的一个大绝招，但是也有的人认为这是一个悖论，非常不利于网店的经营。那么刷好评到底如何呢？需要网店经营者了解到刷好评的优与劣。

网上购物作为现代社会中一种新型的购物方式在最近几年飞速发展起来，出现了很多的购物网站，这在一定程度上丰富了现代人们的生活，并且对消费者和商家产生了非常多的便利条件。

对于消费者而言，消费者可以抛却传统的购物方式，不需要出门去购物，只需要一台电脑或是一部手机就可以在家“逛商店”，消费者不再为了购物消耗自己大量的体力。同时在订货的时候也不再受时间、地点的限制，并且还能够在同一时间内获得大量的商品信息，可以买到当地市场上没有的商品。而且由于是网上付款，相比传统的现金支付来说，对于消费者而言更加安全，可以避免出现现金丢失或遭到抢劫的情况。消费者从订货到买货再到货物上门都无须再亲临现场，节约了消费者的时间和体力。而且因为是网上的商品，店家在省去租店面、雇员及储存保管等一系列费用之后，给出的商品报价相比较一般商场的同类商品更加物美价廉。

而对于商家而言，在一定程度上降低了库存的压力，而且经营成本也会较传统模式降低不少，并且其经营规模不再受场地的限制了。这种新型的购物模式可以在更大的范围内、更广的层面上以更高的效率实现资源配置，为商家的经营带来了很多的便利。

这些便利条件的出现，更加快速地推动了网上购物的发展，当网店如雨后春笋般布满屏幕的时候，要在其中拔尖，就必须用各自店里的好评来为自己宣传。在这种观念的推动之下，刷好评应运而生。

众所周知，没有好评网店就等于没有信誉，没有信誉则网店在经营过程中就寸步难行。因为每卖出一件商品，系统就会通过消费者相应的评价给出评价，而卖家则是根据一个好评店铺信誉就上升一个点。因此，在广大的消费者的心中都会把信誉高的店铺定为他们的第一首选。但是网店那么多，如何才能在众多的店铺中脱颖而出，优先取得市场优势而得到更大的利润呢？这个时候众多的网店经营者想到了刷好评。有需求就有市场，所以催生出了大家现在都熟悉的专业刷客，专门给人刷店铺好评，他们得到佣金，而卖家店铺得到了信誉的提升。

但是刷信誉也只能解决一时的问题，店铺想要长久地经营下去，还是需要让更多买家信任和关注，给出真正的好评。毕竟刷好评其实就是变相的欺骗消费者，如果只是新店刚开张，为了能够迎来客户，刷一些好评是可以理解的，但是如若网店经营者长期刷好评，而不是把关注点放在店铺商品的质量和服务态度上，就算是有再多的好评，也会失去客户的。因为买家来店里购物是为了能够买到物美价廉的东西，而不是收到一堆质量差的商品，并且在反馈的时候还被客服慢待。

比如，一个买家进了一家玩具店，看到店里的好评非常多，于是放心地买了一个玩偶。在发货之后一直收不到玩偶的运输信息，在等得焦心的时候终于收到了玩偶，但是打开之后，发现玩偶破了一个大洞，里面的东西都出来了。对此，买家再次进入店铺与店铺的客服人员沟通，客服人员只是特别敷衍地说："我们的生意太忙了，可能是没看到，退你点钱，就这样吧！"如果你是买家，看到这样的回复的话，会是什么样的心情？

想当然，这样的店铺也不会经营很长时间，毕竟只能骗买家一次，第二次谁也不会再来了。久而久之，店铺就会关门了。

因此，网店经营者一定要切记：刷好评可以刷，当店铺刚开张时，为了能够吸引到买家进店，适当地刷一些好评。但是当店铺走上正轨之后，就要马上停止，把精力放在店铺中商品质量的选择和客服的服务态度上，这才是促使店铺持续发展之道。

盈利策略 11　如何“制造”你的超级信誉

一、信誉就是销量保障

在很多人的眼中，经营网店是一种比较轻松的赚钱模式。但是事实上，想要经营好一家网店并非那么简单，这其中会掺杂着很多大小不一的困难，时刻考验着每一个网店经营者。一家成功的网店，其经营者想要不断地为网店积攒人气，提高盈利，需注意五个忠告。

（一）重视网店商品定价策略

经营网店，最终目的都是为了赚钱，所以，网店经营者要注意，商品的定价非常关键，它关系到商品能否吸引消费者，甚至有的时候可以决定销售是否成功。假设买家对商品相当满意，并且商品的质量也有保证，但是交易最终却未能达成，很有可能是因为商品的定价完全超出了买家的预期，或者是超出了买家的承受能力。这个时候交易就不可能成功了。

因此，网店经营者一定要明白，消费者之所以选择网上购物，除了方便以外，他们最看重的还是实惠。所以，与实体店相比，网店商品的价格要有很大的优惠。建议网店经营者可以采用“先低价”的策略。这样做可为店铺积攒人气，打开市场，提高商品的交易量。要知道，信誉是销量的保障。

当网店的知名度相对提升，形成品牌效应后，再适度提高商品价格。这也是那些品牌网店里，虽商品价格居高不下却不缺少消费者的原因。品牌代表着高品质，如果人气已经积攒到一定程度，相对较高的价格反而就显得不那么重要了。

（二）尽可能地提升网店的信誉

在网店的经营中，恐怕没有经营者不希望提升自己店铺的信誉的。但是，如果没有交易，何谈信誉，何谈人气呢？其实，要提高网店的信誉，有一个比较简单的操作方法，那就是进行零利润或亏损销售。

也就是说，网店经营者完全可以在淘宝商城里设置一款商品进入秒杀专区，以低价秒杀吸引更多买家的关注，这如同实体店的打折促销一样。当然，秒杀商品的质量一定要好，更重要的是价格一定要低，要让买家有一种非买不可的消费欲望。一些有经验的网店经营者可能知道，虽然秒杀的商品是亏损的，但在很大程度上能够产生连带效果，能够带动店内其他商品的销售。所以，从长远角度来看，其最终结果还是利大于弊的。

（三）调查实体店的价格，用价格优惠吸引买家

很多网店经营者通过调查实体店的价格之后，大幅度降低网店商品的价格后能快速地吸引来买家。因为同样的商品，其巨大化的价格差异会让买家“红眼”，销量能够大幅度获得增长，从而拥有自己的信誉。这一方面扩大了网店成交的数量，提高了信誉；另一方面，买家对商品表示满意，为下一次购物打下了良好的基础。因为通常情况下，买家消费会形成一种惯性，只要他对商品和服务满意了，不仅自己会重复消费，而且会为商品进行口碑宣传，把网店介绍给亲朋好友。这样，在无形之中为店铺积攒了不少人气，提高了店铺的信誉。

（四）改变固有观念，进行主动宣传

网上宣传是网店积攒人气过程中最不可忽视的环节。网店经营者要有针

对性地进行推广宣传，否则网店始终不会被人关注，就谈不上有信誉了，也就不可能有销量，那么网店也就不能盈利了。因此，网店想要打响知名度，其最关键的是网上宣传。

为此，网店经营者可以专门开通一个博客，在博客里着重介绍自己的商品，传授一些必要的商品知识。例如，如何选择商品，商品优势在哪些方面，细分一下商品的原料、价格、真伪，等等。这让买家在消费的同时，还能学到相应的知识，从而提高店铺的销量。

此外，网店经营者还可以在一些论坛里进行宣传，介绍自己的网店。当然，不能直接做广告，因为过多的广告会被论坛管理员删除，这需要有一点小技巧。网店经营者可以以消费者的身份叙述网购的经历，能够达到宣传网店的目的。也可以经常回复别人的帖子，在回帖的时候一定要认真，将自己读帖的真实感受写上去。这样虽然看上去并不是直接宣传网店，但是网店经营者可以在论坛签名设置处留下网店链接。如果回帖质量相对较高，自然会有更多的人关注自己的网店。当然相应地，也会增加网址搜索网店的频率，提升人气。

(五) 服务才是销售的开始

在有些网店经营者的眼中，商品交易成功并不是销售的结束，相反，这才是销售的真正开始。在很多时候，网店的售后服务水平往往会直接影响买家是否重复购买。要知道，在商业中有一个十分重要的“二八定律”，即销售额的百分之八十是由光顾店铺百分之二十的买家产生的。只有当这些买家真正满意了，才有可能形成重复消费，网店的销量也才能有确切的保障。

因此，对于那些已经成交的老客户，网店经营者最好要定期回访。通过阿里旺旺或者腾讯 QQ 与买家取得联系，有条件的话也可以进行电话沟通，了解客户对商品的使用感受。如果出现了任何问题，一定要立刻给予解决，包括给予退换货的承诺也一定要依据具体情况进行兑现。让买家认可商品，倒不如先让买家认可服务人员的人品和态度，只有当他们完全信赖的时候，他们才可能完全认可并接受网店经营者所销售的商品。

网店经营者只要根据以上五点，不断地完善自我、规范网店的经营模式，就能不断地积攒人气，谋取利润。销量是网店盈利的关键，而提高销量是每个网店经营者必须突破的挑战。

二、好信誉是网店盈利的保障和基石

在网络发达的今天，网店盈利已经是众所周知的事情了。因此，越来越多的人开始经营网店，但盲目的经营让很多网店经营者非但没有顺利地实现盈利，反而因为更多的网店竞争，而导致网店亏钱在一段时间之后关门了。因此，盈利已经成为了众多的网店经营者非常头疼的问题，怎样才能让网店实现盈利，是所有网店经营者都在不断探索的问题。在探索的道路上才发现，好信誉是网店盈利的保障和基石。只要有了好信誉，就能够更快地收获到买家的信任，从而放心在店铺里购买，促使订单率一路上涨，也就能够促使网店不断地盈利。

那如何做才能赢取好信誉呢?

（一）要做好面子工程

虽然说面子工程这个词大多数的时候是贬义的，但是在网店的经营过程中，网店经营者一定要做好面子工程。面子工程指的是网店的装饰和商品的展示，网店的装饰一定要有自己的独特风格，同时还要与自己店铺中所经营的商品相符合。当然，关于商品的描述也不能夸张，一定要做到贴切，商品图片展示的时候，网店经营者最好做到实物拍摄、真实模特拍摄，才能更完美、细致地展示商品。让买家一进到店铺中就能感受到网店经营者的诚意。如果网店经营者只是在网上随便调用的宣传图片，也许能欺骗买家一时，但会造成实物与图片不符，因此得来一堆的差评，而这是所有网店经营者都承担不起的后果。因此，网店经营者要做好网店的装饰和商品的展示，保证让买家进到店铺时能够眼前一亮，再继续浏览商品。

（二）推广工作一定要做到位

网店想要盈利，网店经营者在做推广工作的时候一定要做到位。特别是刚开新店的经营者，新店都是没有任何信誉和知名度的，因此对其的推广工作显得更加迫不及待。因此，网店经营者在网店平台上出现的活动应尽量都参加，不是为了盈利，只为信誉和知名度。同时网店经营者还要多写一些高质量的软文，在结尾处加上网店的链接，然后发布到各大电子商务论坛里，要多加入 QQ 群，在群里交流推荐网店和商品等。只有做到这些，网店的推广才能够有起色。当然，这些推广工作比较烦琐，不过它们确实是很有成效的，如果网店经营者想要轻松实现推广，也可以考虑用营销软件，做网店推广也会产生很好的效果。总之，不管用任何办法，网店经营者要想让自己的店铺盈利，推广工作一定要做到位。

（三）细致做好客户的售后服务

网店经营者要明确一点：经营网店，做的可不是一次性生意，是需要回头客和老主顾的。因此，网店经营者在交易结束之后，还要让店铺的客服人员时不时地关心客户，让客户感到自己被重视，从而再次购物的时候才会来到店铺中挑选。这也表明，网店经营者一定要做好客户的售后服务，对客户关系进行不断的维护。同时，在耐心接受客户咨询的基础之上，可以送给客户一些小礼品，不用太值钱，但应很温馨，如果你是卖儿童用品的，可以送一根棒棒糖这样的小礼物，既便宜又能赢得孩子的喜欢。在节日的时候，别忘了给老客户发去问候。让老客户更加信任自己的店铺，介绍更多的买家到店铺中购物，增加店铺订单，顺利地让网店实现盈利。

网店经营者在追求利润的同时也应兼顾到自己店铺的信誉，用坚定的信心稳扎稳打的打理小店，信誉慢慢地提升，网店的利润才会逐渐地增加。要知道，好的信誉是网店盈利的保障和基石，虽然信誉低了点、慢了点，但这样做能够让自己的网店有一个坚实的基础，面对各种危机的时候也比较容易解决，同时能够使网店做大的概率增长。

三、精准关键词分析，让标题优化更有效

网店经营者要想让自己的信誉得到更快地提高，则在添加商品的时候，要做好精准关键词的分析，让商品的标题优化更加有效。

（一）关键词的分析

网店经营者要想获取好的信誉，需要不断地对店铺内的商品标题优化。想要优化好标题，首先就要选择好的关键词。有关关键词的分析，网店经营者要明确一点，即找准关键词。要知道，现在有关于网店商品中的任何一个类目的关键词都很多，而且第三方的找关键词软件更是琳琅满目。因此，网店经营者在找关键词的过程中要以官方推荐的和市场表现突出的关键词为主，并把这些作为自己商品标题优化的首选关键词。

（1）市场表现突出的关键词。在选择精准关键词的时候，网店经营者首先要对市场表现突出的关键词进行选择，这些关键词能够反映出市场趋势，能让广大的网店经营者看到市场上搜索上升和搜索量最大的是哪些词。这些词对于商品优化标题，具有非常重要的作用。特别是市场表现突出的关键词中的搜索上升词，可以让网店经营者们了解到目前整个行业的市场方向。一来可以让其及时捕捉到这些竞争相对较低的搜索上升词，二来可以根据上升的关键词属性来调整自己店铺的运营方向，以便于更适应市场的发展趋势，为店铺盈利打下基础。

（2）官方推荐关键词。在选择了市场表现突出的关键词之后，网店经营者也不能忘却官方推荐的关键词，也要以它们为主。毕竟官方推荐的关键词能够反映出淘宝网现在主推的类目和关键词，对于网店经营者把握市场风向标有着重要的作用。根据官方推荐的关键词来不断调整自己店铺的商品，以

便于网店获取好信誉。

(3) 人气商品和爆单商品中搜索关键词和关注淘词。之所以要加上这一条，是为了让网店经营者在确定自己商品的标题关键词的时候，能够明确当时的买家们都喜欢哪些商品，也就是从人气商品和爆单商品中明确什么样的关键词能够被广大买家搜索，且搜索流量巨大，属于标题中必备的关键词。这样的关键词如果能用到自己店铺的商品标题中，就不愁店铺的流量问题了，而解决了流量问题之后，信誉也就自动上门了。

当然，不能忘了淘词。淘词的功能非常强大，可以看到不同关键词的搜索人气、转化率、宝贝数量和竞争度等不同维度。网店经营者完全可以根据这些维度打造自己商品的销量，选择与其权重匹配的关键词。也就是说，有多少基础销量，就选择有多少搜索人气的关键词。同时要保证选择关键词的转化率和竞争度，转化率不能太低，也不能太高，否则竞争太过激烈。对店铺可能会产生不好的影响。而且淘词是非常全面的，在标题优化时，可以选择不同的主词去淘，网店经营者可以看到不同维度的词，从而更有利于自己选择合适的商品标题优化关键词。

(4) 确立出具有突破性的关键词。网店经营者在选择关键词的时候，要选择出具有突破性的关键词，而一旦确定之后，首先要集中火力把这个突破性关键词拿下，使它的排名靠前并为店铺带来自然搜索流量，等到网店的基础销量够大时，可以再确立搜索人气更大的关键词作为网店的突破性关键词，从而顺利地增加自己店铺的信誉。

(二) 关键词的选择要能够与商品的标题设计融合

也就是说，网店经营者在选择关键词的时候，一定要选择出与自己的商品标题设计能够完全融合的关键词，也就是最大化匹配。这样的话就能够保证自己店铺商品标题中的关键词与买家搜索的词最为接近，在这样的情况下淘宝会给予优先展示的权限。

比如，买家经常搜的关键词有“糖果”，店铺商品的标题关键词是“糖果色防晒衣”，这样淘宝会给予优先展示的权限，而展示之后，在一定程度上就能够增加店铺的浏览量，也就能提高店铺的信誉。

为了能够让关键词与商品的标题设计完美融合，网店经营者在做标题关键词优化时，要懂得合理利用空格，空格的作用是方便买家阅读，能够提高网店的点击率。如果说店铺中商品的一个标题没有空格的话，买家体验的时候会觉得不是很好，对点击率也会产生很大的影响，特别是标类产品，空格在这一方面具有非常重要的作用。

只要网店经营者在选择关键词的时候能够做到以上所述，那么在精准分析关键词之后，就能够让商品的标题优化更加有效，也才能让自己的店铺在买家搜索中占据靠前的位置，在为店铺带来浏览量的同时也提高了店铺的信誉。

四、打造标题优化，让店铺搜索排名飙升

网店经营者精准地分析了关键词之后，要努力打造出能够吸引买家进入店铺中浏览的标题，让自己的店铺搜索排名一路飙升。想要打造出好的标题优化，则网店商品标题如何设置就显得至关重要了。

买家在逛网店的时候基本上不会漫无目的，大部分的买家会根据自己的喜好在淘宝搜索里进行搜索。在这种情况，商品标题的关键词具有决定性作用，宝贝关键词设置得越详细、越热门、越贴近生活，则商品被搜索到的概率也就越高。那么，如何做才能彻底优化商品标题，打造最牛标题优化，让自己的店铺搜索排名飙升呢？

（一）明确标题优化的目的和规范

网店经营者都知道，标题是一个商品的门户，在搜索时为了能够更好地展现商品，吸引更多的买家进店，找到更精确的流量来源，需要自己对商品的标题进行优化。而进行标题优化的目的是为了获取更高的搜索排名，更好

的客户体验，更多的有效点击。

因此，网店经营者在明确自己的目的之后，要及时做出规范，但切勿进行标题关键词的堆砌。在淘宝中，经常会看到有的卖家在一个商品标题中放上好几个同类的关键词。比如卖裙子的，有短裙、长裙、迷你裙、雪纺裙、公主裙等，在对标题放入关键词时要注意度，不要过分去用，导致关键词过于雷同，出现被淘宝封店的情况。同时，也不要滥用品牌词、敏感词等，因为对这些词的过分使用，可能会造成商品不能被推荐在搜索的前端，从而错失了流量和客户。还有最重要的一点是不要重复标题。对于一家新开的店铺来说，也许里面同质商品比较多，但是几十个宝贝标题都是一样，甚至有的卖家标题直接是复制粘贴，这是不可取的。试想一下，谁愿意去一家所有的东西都是一样的店铺中购物呢。因此，标题半年或更长时间不改，对标题优化来说是十分不利的。

（二）巧妙运用关键字符和关键词位置

在搜索一栏中，关键词有着等效原则，也就是说 A 词=B 词，比如，计算机=电脑，女士手表=女表，男士袜子=男袜，等等。不过这些都是要反复去尝试的，但是 B 词并不一定等于 A 词。当买家在搜索男士袜子的时候，能够很清晰地看到男袜这个词，但是当我们在搜索男袜的时候，就不一定能够看到男士袜子这个词。因此，网店经营者在进行标题优化的时候，一定要懂得巧妙运用关键字符和关键词的位置，只有这样才能最大限度地利用标题优化，让店铺的搜索排名更靠前。巧妙运用关键字符能够让符号中的词降低搜索权重，提升买家感受，突出店铺促销的力度。而关键词的位置的运用，则会在一定程度上加大买家进入店铺的概率。

（三）了解最新规则，关键词的变化及时跟进

网店经营者要随时关注关于网店经营规则的出台，了解最新的规则，再用到自己店铺当中，让自己的店铺跟进市场。就像“包邮”这个词以前被很多的卖家作为最常用的标题关键词来吸引买家，那个时候只要用到就能瞬间

提升店铺的搜索量，但是现在“包邮”已经退出了历史舞台，只要店铺中的商品是卖家承担运费，淘宝自动会将其放在免运费属性下面。因此，对于这类词语的变化，网店经营者要随时关注，以便于自己及时做出更改。

而且网店的经营过程中，我们不难发现类目页面是经常会变化的，所以网店经营者应该及时跟进自己店铺相关类目的变化，以此为依据来调整商品标题中的关键词，让类目为店铺带来更多免费的优质流量。

（四）策划好爆款期商品

网店经营者在打造标题优化的时候，也不要忘了策划好爆款期的商品。只要店铺能够进入爆款期，就意味着高销量、高人气、高排名、全类目热词和宽泛类目词都会找上网店。

因此，网店经营者一定要策划好爆款期的商品。找出搜索大的关键词，注重标题的买家体验感受和商品在爆款期的标题优化策略，做到这些就等于找到了商品的热词和流量大的词，冲流量的时候到了。不过与此同时，网店经营者还要多注意标题的规范性，注意提升买家的体验、数据记录及分析、跟踪同行及整个行业的动态、直通车的关键词点击率，标题优化技巧等。只要做好这些，没有道理不能够让自己的店铺搜索排名飙升。

五、诊断标题优化问题，对症下药提升流量

网店标题优化对于卖家来说是大事，网商发展到今天，电子商务行业对网商本身的素质要求越来越高。从一些数据中可以看到：2008~2009 年，有货源就能开淘宝店赚钱；2010 年，不但要有货源，还要有团队、有资金；2011 年不但要有货源、团队、资金，还要具备转化率、服务质量、回头率等，才能够让自己的店铺在搜索权重里面占据高的地位。这些变动直接影响了卖家店铺所获取的流量，所以，对于中小卖家而言，现在是个非常宝贵的

机会，虽然没有大卖家的资金广告优势，但中小卖家能做的是让商品描述更吸引眼球，让买家满意度更高，用优质的服务来打动买家的心。只有这样做，才能够保证店铺流量居高不下。

转化率、服务质量、回头率等排名因素的引入，使得网店经营者们的店铺能得到更多的淘宝免费搜索流量，而这些流量是非常精准的优质流量，如果卖家们能在商品描述和客服等方面做得更好，经营网店就没有任何压力了。因为这些流量将为网店带来很高的产出。当然，既然是“免费流量”那就会要求网店经营者们在精力上付出一定的代价，去博得适合自己商品的搜索流量。

那么，如何诊断标题优化的问题，才能做到对症下药而提升流量呢？这需要网店经营者尽可能地展示自己店铺的商品，让买家先看到自己的商品！为了尽可能多地增加被搜中的概率，商品需要一个好的标题，这个标题不仅能吸引人，也能让买家一目了然地知道商品的某些属性特征，还要利于关键字的搜索。因为在搜索中，买家搜索的原则是通过关键字来搜索，也就是说只要网店中出售的商品标题中包含买家搜索的关键字，商品就会被展示。也就意味着只要商品标题中包含的关键字越多，被搜索到的概率越大。

比如这个标题：“【2 件包邮】2010 新品！韩版百搭衬衣！超显瘦 ONLY 女式衬衫”。这其中所包含的关键词有：包邮、2 件包邮、2010 年新品、新品、韩版、衬衣、韩版衬衣、百搭衬衣、衬衫、韩版衬衫、百搭衬衫、女衬衫……因此，只要买家随便搜索到这里边包含的任何一个词，就能够搜索出店铺，无形中增大了店铺的浏览量。

为了使标题被更多的买家搜索到，网店经营者首先要熟知淘宝的关键词搜索规律。也就是说，要诊断出自己店铺中商品标题优化的问题。

（一）进行换位思考

网店经营者要懂得时常地换位思考，假如你是买家，想买一件商品，你会通过搜索什么样的词汇来找到它？这个时候你脑海中出现的词语，也会是很多的买家所想到的，也就是关键词，只要把这个关键词用在自己店铺的商品的标题上，就能够为店铺带来流量。但是，如果网店经营者思考不出更多的关键词的时候，也可以分析商品的属性，或者参考同类商品的其他商家的商品的标题，从中获得灵感，以此对自己的商品标题的关键词进行定位。

（二）根据商品的属性，规划等效搜索关键词的规律

等效搜索关键词的规律告诉众多卖家，在商品有多种属性的时候，应该把联系最紧密的属性找出来，并和商品的名称写在一起。也就是说，商品能否被买家搜索到，其最终取决于商品的标题里是否含有关键词，以及关键词是否正确组合。紧密排列和关键词组合是网店经营的一门学问，它能让众多的网店经营者提高店铺中商品被搜索到的概率。

（三）充分利用标题中的关键词，以便于买家阅读

淘宝规定商品的标题最长不能超过 30 个关键词，因此，网店经营者在对自己店铺中商品的标题进行组合的时候，尽可能让其包含的关键词多，那么商品被搜索到的概率就大，网店流量的获得也就更大。不过在充分利用标题中的关键词的时候，网店经营者也要学会对标题进行分割，以便于买家阅读。如果一个长达 30 个关键词的标题不做任何分割，会使得整个标题非常难以阅读，甚至有的时候买家会产生一种不知所云的感觉。

例如，在淘宝中经常会看到这样的标题，“超人气热卖日韩版鹿皮绒半身裙百变淑女秋冬裙子实拍”，这是典型的完全不断句、不分割，虽然这家店是充分利用了标题的关键词，但买家看到这样的标题恐怕会头昏脑涨，也就不会对其产生什么兴趣，流量也会变成浮云了。因此，网店经营者要切记在充分利用标题的关键词的时候，也要对其做好分割，尽最大的可能吸引买家的眼球，为自己的店铺增加更高的流量。

（四）多用能吸引买家眼球的关键词

很多买家都喜欢在促销活动的时候购买商品，因为当面对一大堆的标题

上要都出现“特价”、“促销”、“包邮”、“买一送一”、“超值”、“上市促销价”、“钻石信誉”、“皇冠”、“新品上市”等关键词的时候，是非常具有吸引力的。因此像这类的有吸引力的关键词，网店经营者不仅要多用，而且要巧用，只有多用能够吸引买家眼球的关键词，才能大大提高自己店铺中商品的点击率和成交率。

六、标题优化出新出奇

网店经营商品销量好，就必须出新出奇，而出新出奇最好的表现是在标题优化方面。因此，网店的经营者一定要保证网店商品的标题非常的出奇，只有出新出奇，才能吸引住买家的目光，让其产生购买的欲望。而优化标题最重要的原则是避免违规。也就是说在进行标题优化的时候，网店经营者一定要仔细阅读其十大原则，这样才能提升优化效果以最大限度地避免违规宝贝的出现。

（一）优化标题关键词，字符占满不可空，重要关键词不要重复

因为网上的热门关键词很多时候会随着季节以及流行趋势的不断变换而不断地发生着变化，因而建议网店经营者们对于自己网店中的商品的关键词标题至少每个月都要按热门搜索词优化一到两次，只有这样，才能保持不断地给自己的网店带来搜索流量。

因为网店商品有关标题的关键词最多可输入 30 个，而每一个热门或者冷门的关键词在一定时刻都可能会被买家搜索到并形成交易。因此在优化关键词时，网店经营者不可抱着侥幸的心理偷懒，觉得没词可填了就空出位置。要知道 30 个关键词，每一个都是代表着流量，都是潜在的成交，漏掉了就是错失成交的机会。

但是切记不要在标题中把最重要的关键词重复写多几个，这是一种浪

费，对网店起不到任何的正面作用，还不如多写一些不太重要的关键词，也能够为店铺带来流量。

（二）商品标题中间最好不要出现空格

网店经营者要切记在填写商品标题的时候，最好不要出现空格，试想一下，如果你作为买家，在搜索自己想要的东西时，标题的关键词只是起到引导的作用而已，之所以会进入到店铺，是因为图片的内容是我们想要找的东西。“从这就不难看出，在优化商品标题的时候留些空格，让用户在搜索到自己的商品时，能更清晰地看好自己的商品标题”。像这样的说法是多么的不现实，试问一下自己，当我们在网上买东西时，搜索关键词会看标题吗？据相关的调查结果显示，显然 98%以上的用户都是在搜索结果中直接通过图片来判断宝贝是否为自己想找的东西，而不会关注商品的标题是什么。

因此，网店经营者在优化商品标题的时候要尽量少用空格，这样能大大提高商品的标题效用。如果一个商品标题因空格而少了 3~4 个关键词，店铺的商品则会流失多少的搜索量？这个账，相信很多的网店经营者都能够算清楚。

（三）同类的商品，标题要做到不能相近或完全相同

相信很多的网店经营者都会遇到这样的问题，当自己在为网店的商品拟标题时，会发现网上相同的商品有很多，而且属性都非常的接近，所以拟定的标题也可能会一样。但网店经营者在拟定这样的商品标题时最好能把自己商品的不同特点属性写进去，只有这样才不会被认为是重复铺货。

（四）切忌标题中出现关键词堆砌和无关关键词

网店经营者在拟定自己店铺商品的标题的时候，不能因为想要突出自己的商品而故意使用关键词堆砌，在标题中故意搞多个品牌词，这只会造成商品被屏蔽，得不偿失。所以说，关键词放几个是没有问题的，只是切记别太过分，而且尽量要与商品相关。例如，如果网店经营者的网店里有一款宝贝

是男款背心，就绝不能因为“上衣”及“T 恤”等关键词搜索量比较大而加入到自己的商品标题中，这样做是违规的，会被处罚的。

（五）不要把网店的名称和特殊符号写到标题中

要知道商品的标题是用来给大家搜索用的，除非网店经营者是个金冠大卖家，如果是中小卖家，则根本没必要把网店名称放到标题中去，因为没有人认识这个店的名字，所以也就不会因为店名而搜索网店名称来找寻自己需要的商品。

网店经营者要记住的还是店铺商品的名称及属性，而不能通过给自己的商品标题加入特殊符号来凸显，这会被搜索引擎在判断该商品时而排在别的商品之后。很多网店经营者在写商品的标题时喜欢加一些特殊符号，像“&”、“/”、“#”什么的，如果实在没有关键词写，就用空格好了。如果不是英文中本身有特殊符号，网店经营者就别自作主张加一些特殊符号，否则只会让自己的商品更加的靠后，真的是得不偿失。

（六）赠品不能作为商品出售

网店经营者在经营自己的网店的时候，要分清楚商品和赠品的区别，不能在商品标题中恶意添加对赠品、奖品的描述，这完全属于乱用关键词，有的时候会因此被屏蔽。因此，网店经营者可以将相关促销内容添加到宝贝描述中，但切记不要放在标题当中。当然，参加活动时有另行规定的排除在外。

（七）标题优化的重点要放在关键词的选择和布局上

分阶段选择不同竞争难度的关键词对于网店经营者来说是非常不错的选择，随着商品销量的提升，从一开始选择竞争低的长尾关键词，待销量上升之后，尝试竞争热门类目的关键词，这有助于网店迎来流量的高峰。要知道，在同等条件下，竞争小的词只需要更低销量即可获得更好的排名。很多的时候，竞争难度主要看两个指标：同关键词下的当前商品数和排名靠前的商品销量。

在这个时候，网店经营者要明确关键词的布局，充分利用 30 个关键词的标题空间，重点词靠前排列，剔除“等价词”，添加一定的促销信息以及避免使用特殊符号。只有这样才能保证自己店铺的商品比同类的更有竞争力，才能引来更多的流量，促成更多的交易达成。而商品标题中添加促销的信息，以及必要的空格，很大程度上是为了照顾买家阅读体验和提高买家点击率，对于这些，网店经营者也要做好。

网店经营者完全做好以上的所有条目之后，就可以坐等买家上门了！

盈利策略 12 如何撰写精华帖，勾起客户购买欲

一、一个吸引人的主题是成功的一半

如果网店经营者觉得写精华帖既费脑力又耗体力，而且还难以摸清门道的话，不妨先想一个非常吸引人的主题试试看，也许能轻轻松松写出让人称赞的精华帖，毕竟一个吸引人的主题已经成功了一半。写一个精华帖，首先必注重主题。试想一下，一个根本不能吸引到大众浏览的帖子，又如何能够让日理万机的管理员觉得好呢？那么，网店经营者想出什么样的主题才能吸引到消费者呢？

在看到的众多精华帖中，大家不难发现，其实精华帖大致分为两类：

一类是有创意的以及实用的技术帖子。什么样的帖子才能被称为创意帖呢？比如说，用明星、当红人物等作为主题的，或者是语言的组合能够让人眼前一亮的，基本上都能被称为创意帖，像是大家很熟悉的，“快乐大本营的主持人都来开淘宝啦”“凤姐教你史上最犀利的促销手段——降龙十八掌”等，都能够被称为创意帖，创意帖基本上是从侧面引用来阐述帖子的内容，能够在很大程度上起到吸引人气的作用，这类帖子成功的概率很高。

另一类是我们大家常说的实用帖，就是实实在在对大家有所帮助的帖

子，比如网店推广帖、旺铺装修帖、直通车、阿里妈妈等能够切实帮助到新手卖家的帖子。比如“图是这样抠的！3 分钟完美抠图”，像这样的 PS 教程，它们在很大程度上都能够得到加分，这是因为实用帖所讲述的都是卖家需要的，而且又都有着非常高的技术含量。正因为这样，所以会的人就比较少，因而发这样帖子的人也少了很多，对于这样的帖子，管理员自然而然会非常推荐此类帖子。

当然，对于选择什么样的主题来写，要看网店经营者自己擅长什么了，是想要玩笔杆子，还是玩技术，这一点需要自己拿主意。不过网店经营者要注意的就是，对于很多帖子中经常被提及的内容就不要用了，不然会出现人云亦云的现象，也不会被大家认可，从而不能勾起消费者的购买欲，不能为自己的店铺带来大量的订单。因此，为了避免出现这样的情况，网店经营者一定要非常用心地写出独到又能被大家认可的帖子，成为店铺宣传的一个好导向。

想好了要写的主题，接下来网店经营者要想一个勾人眼球的题目。如果你的题目吸引不了大家的目光，不能让消费者感到好奇，就会像店铺没流量一样，商品再好，装修再美，但不能为店铺带来流量，没有流量，自然就没有随之而来的交易。也就是说，一个吸引人的主题是成功的一半。

但是，网店经营者要记住，题目一定要长，但也不能过长。当然，这里所说的长不是让你加上一堆的废话，而是根据一些关键字定位帖子的题目，在保证吸引人的基础之上，更详细地阐述帖子中所要讲述的东西。这时候有人该问了，题目不是越长越好吗？对，有时候是这样的，但帖子的题目太长，很多时候会导致你写的一些吸引人的关键字被淹没在其中，根本难以达到勾引眼球的效果，那怎样写才能既兼顾吸引眼球而又不会太短呢？为此，网店经营者要做到以下几点：

写帖子之前，首先要确立一个引人关注的主题。

下面介绍几种可以让网店经营者轻松撰写诱人主题的方法。

（一）挑战常理

关于挑战常理，并不是做“把正的说成反的，黑的说成白的”这种有悖常理的事情，而是稍稍表达一些和别人不同的意见，制造一些争议型的热门主题。

这种主题通常要结合社会热点来做，如在 2012 年，最热的莫过于莫言获得诺贝尔奖的事情。网店经营者在阐释关于类似话题的看法的时候，最好不要尽善尽美，适当留下一些可以被大家攻击一下的漏洞，以勾起人们对这个看法的辩论或者反驳的欲望，这样大家就会积极地回帖。

（二）正话反说

网店经营者在撰写帖子的时候，不仅要勇于挑战常理，还要掌握正话反说的技巧，勇于打破常规。

比如在很多女性的观念中，高跟鞋可以让女人显得有气质，而网店经营者如果能够反其道而行，定出“不需要高达 10 厘米的高跟鞋，你一样能成为气质出众的完美女人”的标题，那么肯定可以吸引很多人。

（三）学会讲故事

除了上面的两点，网店经营者要想撰写出吸引人眼球的帖子，还可以通过讲故事和讲案例来制造话题。这种类型的帖子也非常容易被人们广泛引用，从而增强帖子的传播率。

不是每个人都有说不完的故事，也不是每个人的故事都愿意拿出来与大家一起分享。如果网店经营者没有故事可讲或者不愿意与大家分享自己的故事，那也不用苦恼，讲故事并非一定要讲自己的故事，也可以讲别人的故事，或者把别人的故事套用到自己身上。这没有什么不道德的，事实上很多人需要的是一种感觉或者感动，至于这个事情的真实性，别人也不会真的去追究，谁都知道郭敬明的《幻城》是虚构的小说，但是他的书照样畅销。

网店经营者在“讲故事”时还要掌握两点：所讲故事一定要与众不同，

千万不能流于俗套；所讲故事要有启发性，让人有所感悟，在感情上要让读者能有所触动。

（四）分享话题

网店经营者可以在帖子上分享一些话题，例如说一说自己个人的成功经验：先说说自己是经过什么样的努力在短时间内有一笔可观收入，再谈谈自己的心得，这样的帖子通常也能成功地将他人的眼光吸引过来，使帖子广泛被人关注，从而达到将普通话题转为精华帖的目的。

经过以上的步骤，相信大家都能够写出引人入胜的精华帖，为自己的店铺带来流量，最终促使交易顺利达成。

二、根据商品主题，寻找相关资料

由于精华帖可以给网店带来流量，很多的网店经营者都比较喜欢使用该法进行推广。因此，网店经营者在确定了比较吸引人的主题之后，就要着重寻找和主题相关的资料了。主题确定好之后，网店经营者可以根据有关商品的主题寻找相关的材料，操作起来相对就比较容易了，比如打破常规的主题——“不需要高达 10 厘米的高跟鞋，你一样能成为气质出众的完美女人”。

对于这个主题，网店经营者首先要在百度输入关键字“不穿高跟鞋”、“气质出众”、“完美女人”，搜索结果中可出现很多相关网页。点开之后有一部分是广告页面，这种页面基本上没有什么文字可以利用；但是如果是专门介绍“不穿高跟鞋”也能成为“完美女人”的方法，那就可以使用了。网店经营者要多找几篇专业的文章，把所有的内容都复制到记事本里，统一进行修改。然后把几篇文章结合起来，进行组稿和修改工作，辞藻可以不华丽，但是要活泼、吸引人，最后再配上精美的图片，这个图片最好是店里商品的图片。完成这一系列工作以后，这个帖子就很诱人了。

能够写出这样的帖子就需要网店经营者做到以下几点。

（一）一定要坚持原创

网店经营者在写帖子的时候一定要写出自己的所想和所感。猛一听，似乎要写写原创帖子，可能很多的网店店主觉得太难了，不好写。其实不是，写原创帖子其实只要写出自己的真情实感就可以了，并不需要特华丽的语言和优美的表达，只要是自己深有体会的亲身经历就行了。因为这样写无疑会在写帖子的过程中付上自己的真情实感，网店经营者会不自觉地进入到很深的境地，而不是浮在面上就事论事了。因为帖子中倾注了自己的心血，当别人看到的时候就会有所感触，会情不自禁地与你一起分享帖子里所表达出的喜怒哀乐。其实写原创帖子并不是要求写作者的水平有多高，只要用心去写就一定能够收获到读者和流量。

（二）不要只追求数量，要以质量为主

网店经营者在写帖子的过程当中一定要秉着以质而不以量取胜，千万不要为了发帖而发帖，那样只会让自己沦为发帖的机器，而且也收获不到什么结果。精华帖子的形成是需要付出劳动的，要写就要对得起自己所花的心思和付出的劳动。因此，网店经营者一定要做到，宁愿认真地发一个好帖子，也不发一百个几个小时就沉到“海底”的水帖，所谓“慢工出细活”，说的就是这个道理。

（三）帖子的内容中不要明目张胆地发广告

在写自己的帖子的时候，网店经营者都想给自己的帖子取一个能够瞬间抓人眼球的标题。要知道一个好的标题，在一开始就能够吸引别人不断点击，从而增加浏览量。比如，“一个超级女菜鸟新手开店之十一条心路历程”、“新手开店最易产生灰心烦躁的三大不利行为”、“新手如何写成精华帖的十条心得”、“呕心沥血吐血之作”、“通宵倾情奉献”、“用事实让你心服口服

类”、“开店一周成交 20 笔的秘诀”、“淘宝店让我月入×万元”等等。这样的标题在一定程度上增加了帖子被浏览的数量。

不过，网店经营者在写帖子的时候，一定要切记，千万不要明目张胆地发广告，要知道网上对发帖子有着非常严的规定，会有监督，被抓到了扣钱是小事，如果因此而被封铺那就得不偿失了。就算幸运，侥幸地逃过了抓捕，但是像这种类型的帖子也不会成为好帖或者是精华帖，到最后不仅收获不到流量，很多的时候还会让别人觉得不舒服，从而对你的店铺产生反感，这就与我们写帖子的初衷背道而驰了。

（四）写帖子的时候尽量图文并茂

根据自己找到的相关的资料，网店经营者在写帖子的时候，一定要做到尽量图文并茂。因为现代很多的人都喜欢看图文并茂的帖子，特别是写怎么设计制作教程之类的。很多的时候，图片比文字更有说服力，也更能打动和感染阅读者。图片能够让消费者轻易看懂作者想要表达的意思，就像是如果有人写出了自己从一窍不通到爆款店铺，图文并茂，可轻易地让别人知道自己是怎么从一窍不通，到自己学会设计和制作的整个过程，一目了然，当然别人也就会顶帖和“鼓励”了。

（五）经常维护自己写的帖子

网店经营者要做到，在自己发表了一个帖子之后要定期去看看，不要丢在那就不管了，可以选择一些认真的回帖进行回复，或者通过聊天工具感谢别人。虽然这些看起来不是必要的，但这是礼貌，这样的“维护”一方面能够使自己的帖子不断被推荐到首页而获得更多被浏览的机会，另一方面别人会对自己的店铺产生新的认识和看法。

（六）写帖子时要保证格式分明、条理清晰、语言精练

网店经营者在写帖子的过程中要保证帖子的格式分明、条理清晰、语言精练。如果别人看你的帖子，看到的是一大堆的词语堆在那里，没有任何的

格式和条理，估计大多数的人不会再看下去了。因此，网店经营者对于这一点要多注意。

在格式分明和条理清晰的基础之上，网店经营者最好还要做到语言精练，只有语言精练，才能让阅读者对你的帖子产生兴趣，从而进入到你的店铺当中，为交易的达成打下坚实的基础。

（七）不断推广自己的帖子

网店经营者在写出一个新的帖子之后，一定不要忘了之前写过的评价还不错的帖子，只需要把之前的帖子链接放在新帖子的后面，就能够拥有更多的机会让更多的人看到。用新帖推广其他的帖子，不失为一种好的推广方式。并且在帖子发布后，网店经营者最好再做一些简单的推广，发动更多的人来回帖顶帖。要知道因为一个帖子的浏览量和回帖量，再配合网店经营者的才能，才能够决定一个帖子是不是精华帖。

因此，网店经营者要根据商品的主题，寻找相关的资料，写出能够让人感同身受的帖子，只有这样，才能保证店铺的订单成交量不断上涨。

三、巧妙打造隐蔽的植入式软广告

如果网店经营者把帖子写得非常好，进去浏览的人数增多了，但是店铺的浏览量却很少，说明帖子还是没有起到作用。虽说社区中不允许发广告帖，但网店经营者还是要想办法对帖子进行一些植入式的软广告的操作，以求增加自己店铺的浏览量。

所谓植入式广告，就是在帖子里以非常隐蔽的方式，暗示、吸引你的潜在客户点开你的店铺，但是他们却不会觉得那是一个广告。大家平时看见的一些写自己的淘宝故事的帖子都属于植入式广告，他们会很有技巧性地在故事中透露自己店铺的一些经营情况。比如一些帖子的名字叫做“90 后美女的网络情愫和淘宝故事”、“我终于把心仪已久的车买回来了，这都要感谢淘宝”等。网店经营者把这些帖子写得真实感人，让人看见题目就想打开看看。由于网店经营者很自然地在帖子中加入了自己的店铺介绍，所以，就算故事缺乏真实性，但最终的目的还是达到了。

还有一种方法就是在帖子中直接放入网店经营者的照片、店铺的商品的销量截图、商品评价截图以及经验分享。网店经营者穿着自己店里的衣服的照片，天衣无缝地结合着店铺经营经验分享。虽然这一类型的帖子大部分都是广告，但是人们或者看不出来，或者能够理解并且接受这种广告形式，而且他们确实会从帖里学到很多经验。

可这种帖子有一个缺点，就是对其感兴趣的一般都是从事相同行业的网店经营者，他们对这类帖子比较敏感是因为想要学习一些经验，一般不会轻易地进入店铺，就算去了店铺购物的概率也不会太高。不过网店经营者不能因为这个原因就不做这件事了，毕竟大范围撒网终究是没有错的，看帖子的人多了，自然会有找上门的买家。

同时网店经营者在回帖的时候也可以使用发送促销信的方式吸引客户。因为只要是回帖的买家一定会在提交的信息中留下他们的联系地址，网店经营者完全可以用此地址发送促销信。这样的好处是网店经营者有机会写更多的文字，并且配上图片，促销内容就更加丰富了。在这里有几个关于促销信的技巧问题，我们来详细说明一下。

（一）图片不宜过多

如果网店经营者是给客户发送促销信，就要注意不能在邮件里使用太多太花哨的图片，因为发送促销信的目的是快速勾起客户的购买欲望。如果在促销信上使用过多的图片，客户的注意力就容易分散，那么他的购买欲望就不容易产生。

（二）不同的促销信息

针对不同的客户关系，网店经营者还需要有不同的促销信息。

在发送促销信息的时候，不能写太多的文字，尤其给潜在客户发送促销信息的时候，网店经营者必须使用更多具有诱惑性的文字吸引客户点击你的产品链接。在这里，网店经营者也可以利用客户的好奇心，比如“瞬间打造完美净白”这样的文字来吸引他们，然后在商品描述页面中再集中介绍促销的产品。

对于已经购买过该网店产品的客户，网店经营者可以直接说重点，不需要拐弯抹角，比如直接告诉对方有什么活动，可以打几折，产品是什么。因为这类客户已经跟网店合作过了，双方已经建立了初步的认识和信赖关系。

（三）集中文字力量

客户的注意力需要集中，才能引发购买欲望，因此网店经营者不要一次促销多件商品或者多个卖点，只要集中文字写清楚某一件商品的卖点就够了。

（四）注重开头

促销信息的第一句话非常重要，它直接决定了促销信息点击率的多少。所以网店经营者要尽量让促销信息的第一句话就能吸引到买家的眼球。

（五）冲动诱因

人们的冲动往往是有诱因的，限时、限量、限价，或者增加赠品的价值力度等方式都是人冲动的诱因，网店经营者可以通过增加诱因来促使买家产生购物的冲动。

促销信的唯一目的是引起买家的兴趣，并且让他们点击网页地址进入店铺，查看商品页面，一切动作都要为此服务。

总而言之，网店经营者，要不断地在自己的帖子中巧妙打造隐蔽的植入式软广告，在成功地吸引到客户之后，回帖的过程当中，确定客户对店铺的商品的需求，然后培养这些客户对自己店铺的信赖，最后不断地通过回帖向他们推销自己店铺的商品，久而久之就会积累大批的稳固客户，从而保证网店不断盈利。

四、如何回帖顶帖，让自己的帖子升级为精华帖的秘诀

很多网店经营者在发了帖子以后，就不管不顾了，殊不知播下的种子不耕耘的话，田地就会荒废了。帖子也一样，发了以后还需要网店经营者对其进行维护，不然帖子很容易会石沉大海，所做的努力也就付之东流了。

有时网店经营者的帖子虽然采用了非常具有争议性的话题，也掌握了正话反说的技巧，帖子也非常具有可读性，但是就是没有人回帖，这不免让网店经营者苦恼。对于这种情况，网店经营者不能着急，得想想办法。

很多人都爱凑热闹，就是哪里“热”往哪里凑，掌握了这一点大众共性，网店经营者就可以对症下药，给自己的帖子适当地营造一点“热”的氛围。比如网店经营者可以用自己发帖的账号去回帖，为自己的帖子制造一点人气，但是这种情况不宜过多；网店经营者还可以再注册一两个号来备用，专门用来回帖、顶帖。

网店经营者可以拿备用的账号来顶帖子，进行一些引导，再用发主题帖的账号去回复。在做这一系列事情的时候需要注意两点：

（1）在用备用号顶帖子的时候，所说的话不能“画上句号”，要留余地给发主题的那个账号接话。譬如提一些问题，表扬一下主题帖子的看法或者进行一些故意的抨击。

（2）时间上要注意频率。如果用相同的几个账号顶帖太过频繁，会显得不真实。但是如果间隔时间太长，又会显得帖子太冷清，要知道，那些上万点击量的帖子都是不断地被顶帖，不断地在首页显示才获得的。

像这样的持续顶帖时间不宜过长，基本上一个星期就可以了，因为论坛中对这个帖子感兴趣的人大部分都已经看过了，他们不会再继续重复看这个帖子。所以这个时候网店经营者就应该重新发另一个类型的帖子了，

这样的话，另一批人的眼睛就会被新的帖子吸引了过来，又一次刺激他们的消费神经。

如果网店经营者自己没有帖子，也可以回复别人的帖子来获得关注。这种方式需要网店经营者反应机敏，眼疾手快，能抢到第一、第二的回帖位置，也就是俗称的“沙发”、“板凳”。回帖内容还要别出心裁，给人印象深刻，让人对其产生兴趣，忍不住想要进入店铺转转。如果没有抢到“沙发”、“板凳”也没有关系，网店经营者可以把回帖的文字内容放大，并且用醒目的颜色来吸引眼球。

回帖、顶帖并不困难，只要网店经营者用心地回帖、顶帖，论坛推广效果一定会成倍提高，网店一定开得红红火火。撰写精华帖是一项技术，而如何回帖、顶帖是一门艺术，只有掌握了这一门艺术，网店的论坛推广才会有效果。

所谓精华帖，就是在社区中相对而言质量比较好的、比较吸引人眼球的帖子。而版主为了让大家更方便地找到这种帖子，会特意在帖子的标题上添加一种类似认证的标示。

前面提过撰写精华帖的技巧，可事实上并不是每一位网店经营者都具备撰写精华帖的能力。那么不具备撰写精华帖能力的网店经营者是否就要放弃走论坛推广这条路呢？当然不是，自己不会写，还可以把别人的普通的帖子或者自己的普通帖子改成属于自己的精华帖，下面我们就来讲把普通帖升级为精华帖的秘诀。

（1）选帖。在选择别人的帖子的时候，或者是直接用自己的帖子的时候，网店经营者要尽量选择那种图文并茂的帖子。这样的帖子有“加精”的潜力，一旦放上网店经营者自己的照片，看上去就是一个不错的帖子了。当然，在这一点上，女性网店经营者会比较占优势。

（2）标题。如果是拿别人的帖子来升级精华，标题是必须要改的。而且得改得有技巧，比如换个句式或者理解意思之后换种说法，最好是改得比原帖更吸引人。

（3）主题。帖子的主题是人们感兴趣的话题，内容一定要健康、积极向上，最好能引起人们的共鸣。

（4）字数。帖子的字数不宜过多，毕竟是在快餐时代，一般人很少有耐心去看一篇很长的文章，所以一个帖子最理想的字数应该在 1000 字以内。

（5）频率。网店经营者发帖不要太过频繁，因为物以稀为贵，大多人总会有一种奇怪的心理，即一件东西再好，出现得太过频繁，也就对其失去了兴趣。

（6）可读性。无聊的文章永远没人看，所以那些喜欢把帖子写得跟学术报告一样严谨却枯燥无味的经营者该注意了，一定要改掉这种毛病。论坛帖子的文风要轻快，让人阅读起来感觉轻松愉快。

（7）感染力。帖子要融入一种情绪，只有融入了网店经营者情绪的文章才具有感染力。

（8）分段。帖子要尽量多分一些段落，段落内的行数最好不要太多，如果段落太多，行数也多，会有“长篇大论”的感觉，会降低人们的阅读兴趣。

（9）熟悉章程。为了确保辛辛苦苦写的帖子不被违规删帖，甚至受到处罚，网店经营者最好弄清楚论坛内的“法律法规”，以免自己的心血付诸东流。

因此，网店经营者想要在论坛很好地推广自己的商品与店铺，就必须掌握把普通帖升级为精华帖的技巧。

盈利策略 13　找到优质物流，省钱省心省烦恼

一、物流公司挑选好，省下一半的烦恼

众所周知，一个质量上乘的物流公司对于网店经营者来说有着何种意义，商品能否顺利到达买家的手中，买家能否在整个购物过程有一个好的体验，物流具有至关重要的作用。所以，网店经营者一定要从众多物流公司中选出具有最优质物流服务的公司，物流公司挑选好，可以给网店经营者省下一半的烦恼。

但是，开办一个物流公司是非常简单的，简单到只需要一个办公用地、一辆车和几位搬运工就可以轻易组成，于是出现了物流公司的水平良莠不齐的现象，也因此让网店经营者在选择服务质量上乘的物流公司中出现了强大的阻碍。那么，一家盈利的网店经营者要怎样从众多物流公司中选择出具有最优质的物流服务的公司呢？这就需要网店经营者做到以下几点：

（一）了解物流公司的详细情况

（1）价格。虽然说现在市面上出现了很多新成立的快递公司，运费也相对较便宜，速度和服务也能得到保障，但是网店经营者在选择的时候还是尽量要选择信誉比较好的快递公司，只有这样才能有效地节省成本。

（2）速度。在挑选快递公司的时候要明确快递送检的速度，快递速度包括快递公司员工上门取件的速度和将物品送到买家手中的速度。快递速度的快慢在一定程度上不仅会影响到网店经营者资金的回收效率，有的时候还会影响到买家的评价。如果买家在接货的时候，被快递员一通不礼貌的话语弄得心情十分不好的时候，那么给出的评价也好不到哪儿去了，可能会给网店带来恶劣的影响。

（3）覆盖面积。在互联网上做生意，买家来自于全国甚至全球各地。不过由于每家快递公司的业务量大小不同，所以其业务覆盖面积也不同，也就是说能送达的区域也不一样。一些比较偏远的地区，很多快递公司无法送到。因此，网店经营者在选择物流公司的时候，要考虑到其业务的覆盖面积。

（4）物品大小。网店经营者在选择物流公司的时候，不仅要考虑到其价格、速度和覆盖面积，还要考虑到网店经营的商品的大小。比如，如果是大件的商品，无论选择邮局还是一般的快递公司，费用都比较高，这个时候就要考虑选择中铁快运或者物流托运。

（5）保价服务。如果网店所经营的商品比较贵重时，在发货时网店经营者就一定要选择保价服务。并且尽量选择赔偿金额或倍数高且保价费低的快递公司。这样的话，一旦快递物品损坏、丢失，就能够获得相对高一些的赔偿。

（二）在了解情况的基础上进行实地考察

俗话说：耳听为虚，眼见为实。网店经营者在了解了各个物流公司的详细情况之后，一定还要去实地考察，只有自己亲眼看到才能确保万无一失。

（1）公司资质。要知道，很多物流公司是可以没有营业执照就能够营业的，面对这样的公司其信用问题也就有待考察。而且这样的物流公司很容易出现卷款潜逃的事情。试想，公司没有营业执照，仅有一个门点，一部车，几个搬运工就开始营业，就算是卷款潜逃了我们也无从追查。所以网店经营者在考察的时候，一定要注重考察物流公司的资质。

（2）自有车辆。对于物流公司来说，车辆的多少，不仅是公司规模大小和业务量多少的反映，在一定程度上也决定了运送速度。所以如果网店经营者想要保证商品能按时到达买家的手中，就要注意考察物流公司的自有车辆数，只有车辆较多的物流公司才能达到要求。

（3）员工人数。员工的多少和自有车辆数是一样重要的，这是一个基本指标，同样可以反映公司规模和业务量，但是网店经营者在考察员工人数的同时，也要多多注意员工的整体素质。如果员工素质不高，可能会造成买家的不满意，会影响到网店的信誉。

（4）发车频率。要享受最优质的物流服务，首先就要选择一个发货速度比较快的物流公司。目前，华中五省大多数物流公司都能做到天天发车，如果网店经营者所考察的物流公司发车时间间隔太长，需要几天才能发一次车，那么，这个物流公司就不用考虑了。时间间隔这么长，只会让网店流失客源。

（5）公司环境。一个公司的环境可以反映这个公司的管理、员工素质和工作状态等多个问题，如果一个公司办公桌胡乱摆放，人员非常散漫，仓库货物乱丢乱放，装卸乱扔，每一个角落都极其没有条理性可言，那么这个公司在走货的时候也就不会仔细了，必然会经常出现破损，质量必然很差。这样的公司也不能存在网店经营者的选择范围内。选择这样的公司只会让网店信誉走下坡路。

（6）考察真假。很多小的物流公司相当在乎每一笔生意，所以为了取得和客户的合作关系，在客户考察的时候其说出的情况有可能和事实是不符的，甚至有的时候是在欺骗客户。所以，网店经营者在考察的过程中，要学会讲究方法，以获得最真实的信息。最有效的方法就是问细节，如果他们告诉网店经营者其公司发车间隔时间很短，甚至一天会走十几趟车，但其公司只有3~4个搬运工，那么就可以判断他们的回答缺乏真实性。一个不真诚的公司是没有合作必要性的，就算与其勉强合作了，在之后的时间内也会产生很多的问题，所以，这样的公司网店经营者就不要考虑了。

（7）工作态度。网店经营者在去物流公司实地考察时，要着重考察该物流公司员工的工作态度，看看他们的忙碌情况，再看他们在装卸的过程中是不是轻拿轻放，对货物的归类是不是有条理，他们的工作态度直接关系到物流的安全性。只有确保物流公司员工工作态度较好的基础上才能与其合作。

（三）巧妙运用考察方法

（1）侧面打听。网店经营者还可以从侧面打听所考察的物流公司的信誉、服务态度等问题，从买家的意见反馈和物流行业内的人士对该公司的印象评价都能反映出该公司是否具有优质的服务水平。

（2）多方求证。为确保考察的真实性，网店经营者尽量不要相信某一个人或者某一件事情的“一面之词”，要多方求证，力争做到全面的、多方位的了解。

网店经营者都十分明白，只有好的物流服务才能给自己带来安心和舒心，只有好的物流服务才能为买家带去好的购物体验。不管是公司资质、车辆和人员多少、环境好坏，还是员工态度都能决定一个物流公司能否为买家提供优质的物流服务，所以，网店经营者要对物流公司进行全面考察，多方求证，力争选到一个服务质量好、细节到位的物流服务，让自己安心，买家舒心。

二、和物流公司签协议，直来直往更省心

网店经营者在挑选好物流公司之后，要抓紧时间和物流公司签订协议，在协议中一定要详细阐述自己的要求，与物流公司做好沟通和协商，在适应市场发展，满足社会需求，贯彻执行《中华人民共和国道路运输条例》和国家有关法规的前提下，双方本着平等互利、协商一致的原则，达成合作协议。

（一）明确双方之间的关系

网店与物流公司之间是互为合作的关系，网店经营者是托运人，物流公司是承运人，双方之间要相互协作，共同完成运送物流小件快运业务。并且网店经营者秉着为自己网店负责的态度，要对物流全局范围之内进行监督、协调和指导，以保证自己店铺的货物运送的安全性和完成性。

（二）明确货物的名称与数量

网店经营者在与物流公司签订协议的时候，要在协议中注明自己所要托运货物主要是以什么为主，并且在每批货物发货前要将货物的品种、规格、数量等内容用物流托运详情单的形式进行详细填写，以确保货物能够顺利安全到达买家的手中。

（三）明确双方之间的合作原则

网店经营者在与物流公司签订协议的时候，双方要明确合作原则：网店经营者要确保自己的货物在进行运输之前的完整性，按照国家规定的标准，封闭严密，不渗漏。物流公司确保货物在运输过程中不出现差错，对其全程负责。严禁危险品、违禁品、易损、易破、易污染、易腐烂物品和国家规定的禁、限运物品出现。

（四）费用结算

在双方签订的协议中，网店经营者要和物流公司明确费用的结算方式，如果每一次发单都要自己去结算费用的话，会浪费大量的时间，对双方来说都是不科学、不合理的。对此，网店经营者要与物流公司确定一种简洁的结算方式，可以发货前计算，也可以发货后计算，只是计算的时间要改为季付或者更长时间，以确保双方都把时间放到自己的店铺中去。

（五）双方的权利与义务

（1）网店经营者的权利、义务。网店经营者在货物被物流公司拿走之前，要清点货物，并对要托运的货物负责其安全，保证货物无短缺、无损坏、无污染、无人为的变质；在物流公司运输途中遇到特殊情况，如堵车、修路、下雪（雾、雨），因高速封路或车出故障等不可抗力的情况的时候，应及时与物流公司联系以采取相关措施，双方共同承担损失。

（2）物流公司的权利、义务。物流公司肩负着对网店货物的受理、仓储保管、装车以及落实安全运输等相关方面的事宜，并且对以上各个操作环节作具体落实，以保证货物在运输过程当中的安全。同时物流公司也有义务在货物受理处设立公告栏，公开告示有关快件的托运范围、价格、要求、须知以及运输班次时刻表等事项，以方便网店经营者查看。并且物流公司还要对托运的物品属性、质量进行安全检查，并要求其包装严密，捆扎牢固，标志明显，便于装卸，符合安全运输要求，这样才能保证货物在经过运输之后安全到达买家的手中。

（3）货物承运日期及运到期限。当网店经营者把打包好的货物交给物流公司的工作人员之后，货物的承运时期就确定了，在这之后，物流公司要在指定时间内将货物上车，并于当日将货物运出，不得滞留，中途不得以其他方式运输，要按照双方商定的到货日期把货物送到买家的手中，让买家满意此次的购物经历。

（六）其他规定

（1）本协议未涉事项，经双方协商一致后，可签订补充协议，补充协议与本协议具有同等法律效力。

（2）本协议正本一式三份，双方各执一份，另一份由第三方备案。

（3）本协议经双方签字后生效。

协议期满后双方无异议可继续顺延。如一方提出中止协议，应提前三个月书面通知另一方，经另一方同意并办理完成有关手续后，协议方可解除。

三、规范物流出单，减少损失

在网店的经营过程中，物流是网店经营者最无法掌控的环节，但物流也是整个交易流程中最容易出错的环节，商品在运输的过程中发生任何的问题，网店经营者都没有办法对其进行控制，只能在发货时和客户收货后才能有办法控制，但这个时候的控制也不能解决运输过程当中出现的问题。因此，网店经营者在可控的范围之内，尽量消除物流途中可能会发生的隐患。想要消除物流隐患，就必须规范物流。这需要网店经营者做到以下几点：

（一）商品

（1）发货速度。为了避免买家对自己的网店抱怨，网店经营者必须以最快的速度发货，不能故意拖延。如果真的存在着不能抗拒的原因而延误了发货时间，网店经营者必须在第一时间向买家说明理由，避免买家因为这些问题而心生不满，从而导致退货。

（2）认真包装。不管商品的价格高低，也不管买家购物的多少，网店经营者都要一视同仁地做到包装仔细、牢固可靠，避免在运输过程中出现损坏商品的事情，尤其是涉及个人隐私的物品，包装更要仔细到位，让买家有被重视的感觉，从而为网店留下固定的客源。

（3）当场开封。物流公司的工作人员在送货的过程中，要提醒买家当场开封查验商品，避免遇见不良买家故意以商品质量问题和网店经营者纠缠，以减少一些不必要的损失。

（4）事先询问。网店经营者要事先向买家询问和核对收货地址，了解收货地址是否在自己合作的物流快递派送范围之内。如因收货地址偏远等原因而导致收货时间延长出现，网店经营者应事先告知并协商，以免产生纠纷，更要防止因为物流速度给网店经营者和买家都带来不必要的损失。

（5）说明付出。如果买家购买的物品多，造成快递超重的情况出现时，网店经营者就要多支付快递费用，这种情况一定要和买家说清楚，不然买家就不会知道网店经营者的付出，会出现双倍的损失，因为这不仅在经济上给网店经营者造成了损失，而且也使其失去了一个宣传的好机会。

（6）保留票据。网店经营者在货物发出之后，要保留好相关的票据，比如发票、快递单等，以防止在货物出现问题后需要维权的时候有据可依。当然，为了节省向买家解释快递收费的沟通时间，网店经营者还可以设置更多的运费模板应用到其他不同的商品中去，一目了然，省去了很多的麻烦。

（二）物流

（1）试用协议。前面已经说了网店经营者如何选择好的物流服务，主要是通过对物流公司的考察，觉得满意就决定与之合作。但是俗语说“光说不练假把式”，考察得再详细也没有实践来得准确。有些物流公司的水平，真正运用的时候可能根本没有考察中所表现出来的那样优秀，甚至有些黑物流收了一批货物之后就不知去向了。

所以，“是骡子是马，拉出来遛遛”，为了避免出现类似的情况，网店经营者在与物流公司签订正式的协议之前，要先签订一份试用协议，进行试运行考察。试运行也是要讲究方法的，刚开始要控制货量以及价值较高的货物，每周给物流公司运送的商品量不要太大，也就是说要规范物流的出单量。当试运行结束之后，请销售或客服做一个分析评估，着重考察评估的结果是否和其之前的描述相符合，时效和走货质量是不是比较高，安全性是不是可以得到保障，相较于之前的物流，水平是否有所提高。如果答案全是负面的，那么，这个物流公司就没有合作的必要了。

（2）加强掌控。网店经营者要建立起绩效考核指标，加强掌控物流公司出单的情况，以减少不必要的损失。

1）绩效考核。当网店经营者和物流公司签订试用协议之后，试运行了一段时间，如果网店经营者对物流公司各方面的表现都比较满意，就可以逐步增大货量。当然，为了确保物流公司的服务质量不会下滑，网店经营者在此期间也不能放手不管，还要定期对物流公司进行考核，考核指标有货损货差、服务态度、走货速度、提货速度等。

2）绩效面谈。绩效面谈的形式与员工的绩效考核相类似，是绩效考核后的面谈。

为了方便网店经营者能够及时了解到物流环节存在的各种问题，督促物流公司进行改善，网店经营者要不定期地对物流公司的工作人员进行绩效面谈，了解物流环节是否出现异常。

对于绩效面谈，网店经营者要进行综合的考虑，如果综合水平在中等以上，可以考虑与之合作。毕竟，我国现阶段的物流水平并不能让网店经营者轻轻松松找到十全十美的物流公司，况且最好的也不一定是最适合自己的，所以，网店经营者只要能够找到适合自己的物流公司就可以了。但是网店经营者要记住，要尽可能地要求物流公司改善服务质量。

（3）运输合同。经过一段时间的磨合，如果网店经营者和物流公司彼此感到合作比较愉快，接下来就可以正式签订运输合同了。签订了运输合同之后，一方面网店经营者可以受到法律保护，万一出现重大损失，能有据可依；另一方面也能更好地约束物流公司。

网店经营者只有懂得规范物流，才能消除物流运送隐患，也才能有把网店做大做强的可能，让网店获取盈利。

四、如何利用快递省钱

在整个网店的经营过程中，快递是比较重要的环节，也是很难掌控的环节。有些网店经营者把运费视作网店巨大的成本开销，因为他们在这上面吃了不少哑巴亏，不但花费较多，物品还要十天半个月才到目的地，令买家对网店的印象很差。

在快递这一环节中，我们提到了如何防止商品被损坏，消除质量隐患。现在我们介绍如何省掉很多不必要的花费。

（一）尽量砍价

快递员是有权利决定运费的多少的，所以要学会和快递员砍价，还要让他们知道自己合作的快递公司不止他一家，不仅能避免快递员产生“他是我的固定客户”的想法而降低服务质量，还能让快递员产生“我有竞争对手，我要留住他”的想法而给店家创造砍价的空间。

（二）起步重量

除了 EMS 和申通，快递一般都是 1 千克起步，千万不要以为是 0.5 千克起步，如果是这样，网店经营者会在以后的运营过程中多花费资金。

（三）多项选择

网店经营者要多选几家快递公司合作，不能只选择一家快递公司，还要把几家快递公司的价格网点、服务和速度进行对比，以根据不同的情况来选择不同的快递公司。只有多做比较，才能更好地提高快递发送的效率，并且节省运费。

（四）事先称重

网店经营者最好先将自己要发的商品事先称重，这样的话，对于一些比较重的商品的邮费做到心中有数，不仅能在买家付款之前向其说明邮费，如果与快递员比较熟悉的话，零头重量还可以只按照续重的一半的价格来收费，甚至可以不算续重。积少成多，每次省下一点点，日子多了也就是一笔可观的费用了。

（五）包装

一般快递对商品的包装要求不是很高，尤其是服装。在为服装类等不怕压、摔的商品进行包装时，没有必要用纸盒来包装，完全可以用在商场买东西时送的塑料袋，外面多贴几层胶纸就可以了。有的网店经营者直接在里面用完全没有图案的塑料纸来包装，虽然这样不是很美观，但既防水又不容易损坏，而且包装重量比较轻，比较节省运费。

网店经营者完全不用担心这样“简陋”的包装会让买家的印象不好，因为买家最看重的还是商品的质量，别的因素虽然也会影响买家对网店的印象，但不是重中之重。所以，不管是什么类别的商品，只要商品质量足够好，“简陋”的包装完全没有问题。

（六）拼快递

日常生活中会有“拼货”、“团购”、“拼车”、“拼餐”这样的词语，但是“拼快递”很少听到见到，其实这个和“拼货”、“团购”、“拼车”、“拼餐”的意思是一样的，如果网店经营者的商品数量比较高，又想获得最低的邮费折扣额计划，可以联系一些信用比较高的卖家，通过他们找寻发件量比较大的快递员。因为这些人发件量比较大，所以价格肯定便宜。

（七）量力而行

如果网店经营者的营业时间还不是很长，或者业务量不是很大，更需要从细微处省钱了，如能做到锱铢必较的话，省下的钱就越多了。

这种类型的网店不要找如申通和圆通这样比较有名气的快递公司，尤其是大、中型城市的网店经营者，业务量小的话，报价是非常高的，而且不能砍价。可以找一些比较冷门或者小一点的快递公司来合作，因为这样的公司在乎每一笔生意，而且可以商量价钱，网店经营者可以从中省下不少费用。

（八）结算方式

网店经营者千万不要以月结的方式和快递员进行合作，因为这样就给了他们涨价的机会了。

（九）物流选择

网店经营者一般是使用普通快递、平邮和 EMS 3 种方式发货。比如平邮和 EMS，虽然网点覆盖最广，全国各地都能送到，发货速度也很快，但是价格相对比较高，所以不适合利润空间比较小的商品。

网店经营者应该根据不同的商品情况选择物流方式，如果一些利润空间比较小的商品选择起价比较高的配送方式，那么不仅不会省钱，还有可能是赔本的买卖。

（十）保留单据

小心驶得万年船，为避免快递公司把货品丢失，网店经营者还要保留单据。这样不仅可以随时上网或打电话查询进展，还可以将其作为索赔的证据，以避免钱货两失，造成买家的不满。

（十一）保价

虽说经营网店要能省则省，但是"舍不得孩子套不住狼"，网店经营者也不能为了蝇头小利而损失大笔的资金，所以网店经营者要为商品保价，这不仅能让快递员更加小心对待货物，而且如果商品损坏，还可以获得赔偿，不至于让网店经营者有太大的损失。

经营网店需要有一个既省时又省力，还省钱的配送方式，但每一种配送方式都有利有弊，网店经营者要学会根据不同的情况而决定使用哪一种快递，以达到省钱的目的。

盈利策略 14　巧用淘金币，培养回头客

一、抓住买家“求金币”的心理

有过网上购物经验的人一定都收到过有关淘金币的消息提醒，那么这个“淘金币”是什么呢？它是淘宝网的虚拟货币，相当于在现实生活中的人民币。它就像古代钱庄里发行的银票一样，能在淘金币的应用平台进行兑换和使用。在买家心中，淘金币自然是好东西，而在卖家心中，也是一种不错的营销工具。

为了能够更快地提高网店的销售量，为网店赢取更高的信誉。网店经营者要适当地运用淘金币，抓住买家求金币的心理，利用金币能够打折的手段，让买家在不知不觉中购买商品。

通过对设置淘金币抵钱的店铺成交分析后发现，设置淘金币抵钱可以有效提升客单与成交额，加强网店与买家之间的活动，吸引一批固定的老客户。为什么如此多的网店会参加这样的活动，很多人认为是能够挣钱，其实不然，很多时候网店经营者都是处于亏钱的状态。淘金币有的做，其实很大程度上是为了抓住买家“求金币”的心理，让买家在购物的时候因为淘金币的那一点让利而最终决定购买商品，促使交易达成。

不过这也不是说，只要是用淘金币，网店经营者就一直都是亏钱的，关

键是看网店商品第一次上架的售价，然后再结合本店本行业的需求以及定位，很多的时候淘金币还是有赚的。如果网店经营者在后期对淘金币维护好的话，最起码可以给自己的店铺带来一个月的自然免费流量，一天的 UV 值是 1000 左右，当然，并不是所有的店铺都能够达到这些，这需要看店铺属于什么类目以及每家店铺主推什么商品，还有就是客户的体验。只有同时达到这几方面，才能保证自己的店铺拥有大量的免费流量。

而且淘金币并不是很难获取的，能够获得的渠道很多，比如买家们可以通过在淘江湖里发起投票、发表博客等行为赚取淘金币。淘金币的用途也很广泛，比如可以直接兑换各种礼品，也可以参加抽奖，可以参加淘金币应用中心兑换游戏道具和其他心仪的礼品，还可以换现金券，在购买淘宝网的商品时可以享受折扣。

而如何做才能抓住买家“求金币”的心理呢？需要网店经营者通过商品打折、淘金币抵现等活动让买家看到，只要你的手中有淘金币，那么在购物的时候，就能够为自己节省现金，这可是“赤裸裸”的当钱用了。试问，谁还能够抵挡呢？

那么淘金币的具体定位又有什么呢？

（一）使用范围广

买家在购买商品的时候，会有积分产生，当积分达到一定数额的时候，就可以兑换一些商品。其实不仅仅是积分可以兑换商品，淘金币也是可以兑换并享受折扣优惠的。并且淘金币是品牌折扣换购中心，使用率远远覆盖了淘宝的积分体系，用起来比积分体系更加便捷。

（二）折扣平台

买家赢取淘金币的方式有很多，享受的折扣也很多，例如可以通过完成任务、购买产品等方式来赢取淘金币，可以以此获得淘金币而进入兑换页面尽情挑选自己心仪的宝贝，进行兑换并享受折扣优惠。所以很多买家把淘金币看作是尽情享受折扣的平台。

（三）营销平台

因为很多买家把淘金币看作是享受折扣的平台，所以买家们很愿意为了赚取淘金币而“奋斗”，很多店主就抓住了买家“求金币”的心理，把淘金币看作是一个很好的营销互动平台，通过社会性网络服务进行营销。现在店主们常用到的社会服务性网站有新浪微博、开心网和人人网等。

（四）推广平台

淘金币的用户都是拥有 2 心或者 2 心以上淘龄的用户，一般以 2 心以上的用户为主。这些淘宝会员都是淘宝最具活跃性、购买力最强、购买率最高的最优质的人群。所以，淘金币这个平台很好地给网店经营者提供了一个精准推广的平台。

（五）展示平台

淘金币平台拥有购买力强、购买率高的优质客户群，每天都有大量的页面浏览量，可以让店主们在淘金币平台上尽情展示品牌，提高品牌曝光率。这些优质的客户群体、高转化率及购物分享可以很好地帮助店主们打造口碑营销，拉拢回头客。所以，淘金币平台是一个快速提升品牌形象，打造口碑营销的展示平台。

张小姐开了一家网店，主要以女装为主。2011 年“光棍节”前夕，她准备推出自己店内的几件爆款进行淘金币竞拍，因为根据以前的经验，参加类似活动的买家都是购买动机明确、购买力强、精准消费的人群，而且这部分人相对而言比较活跃，所以不管从推广产品的角度来说，还是从打造网店的知名度来说，参与竞拍都是比较划算的。

张小姐通过分享机制，深度传播店内的优惠政策：5 件当季最流行的女装参与淘金币，竞拍中拍的买家可以以一折的优惠价购买女装。果然，用户对活动参与很积极，店铺访问量很高，参与活动的高达 7000 人之多，还有 3000 人收藏了竞拍服装。竞拍结束以后，店铺的回头客数量也比较稳定。

案例中的张小姐有效利用了淘金币这个平台，把淘金币平台当作了一个推广平台，推广了自己店内的服装，也为自己的网店做了一个广告，不仅仅让用户积极参与，还稳定了自己店铺的浏览量，培养了一批回头客。

经营网店需要有一个好的宣传手段，买家要抓住买家“求金币”的心理，把淘金币看作是折扣平台，网店经营者要有效利用这个“折扣平台”，把其做成自己的“销售平台”和“宣传平台”。

二、用淘金币设“陷阱”，快速提高店铺形象

在利用了买家“求金币”的心理之后，网店经营者要学会用淘金币来设“陷阱”，让买家更多地关注自己的店铺，更快地下定决心购物，从而快速提高自己店铺的形象。那么，如何利用淘金币设“陷阱”呢?

（一）选择适合运用淘金币的商品

网店经营者要想用淘金币设“陷阱”，首先必须在店铺中选择出适合运用淘金币的商品。这需要根据对其他淘金币商品的观察，总结其受众面是否广阔？价格如何？是价格比较低廉的商品比较火，还是价格比较高的商品更能吸引买家？什么样的商品定价足以打动买家的心？根据这些，网店经营者再推出做淘金币的商品。要记得这款商品必须是当季热销，同时流通性也要广，受众面要比较大。只有这样，才能够让买家轻易地掉进网店经营者所设的“陷阱”中。

不要认为买家都是好“骗”的，不要存着侥幸心理，不要利用淘金币自身所有的特点而拿出那些卖不出去的商品来忽悠买家。这样做，只能败坏自己店铺的信誉，同时也不能给店铺带来更多的订单。

（二）商品折扣一定要低

在确定淘金币活动的商品之后，网店经营者在对其定价的时候，折扣一定要求最低。要明确一点，这个活动不是促销，留下的都是原价销售记录。当这次活动结束之后，网店的搜索流量和日常销量都会得到大幅度的提升。这与传统的广告有着很大区别，同时这也是花多少钱都买不来的自然排名。因此，网店经营者一定要把这件事情视为重中之重。要选择店内目前销售排行最好的几款产品，千万不要选择滞销款。那样做反响反而会更加不好，毕竟销售记录和买家评价是很多的买家都十分看重的。

同时，网店经营者也要明确这次活动的本质：通过让利快速积累客户，是网店进行的一次广告营销。因此，店铺内要提前做好周密的策划，同步推出相应的优惠活动，没有参加此次淘金币活动的商品可以设置限时折扣，搭配相应的优惠套餐。这样在淘金币活动期间，活动商品能够为店铺引进大流量，促使整个店铺的销量大幅度提升。

网店经营者还要确定进行淘金币活动的商品价格。参加活动的商品，我们把它当作是赞助的商品。对于这类的商品，一般来说越优惠越好，现在的人都喜欢买廉价、实惠的商品，所以尽可能的优惠能够吸引更多的人。但是网店经营者还是要量力而行，因为淘金币是产品单价×产品数量。也就是说，淘金币硬性让利 1000，卖一件还要亏折扣的钱。也正因为如此，很多的小卖家对淘金币商品是望而却步的。但如果网店经营者也这么想的话，那就永远都只能停留在小卖家的行列了，无法突破瓶颈，也就无法获取最后的成功。

大家应该这样想，在做淘金币活动的时候，或许我们亏钱了，但是得到的是用钱买不到的东西，即流量和关注度。或许活动款的商品的确是亏了，如果把整个店铺的关联销售做好，那么转化率就提高了，结果可想而知，也许能够在不亏本的基础上还能够为店铺带来盈利。

其实，淘金币商品活动，就是网店经营者为自己的店铺打造出爆款商品出来，每个销量好的店铺都必须有爆款，一个店铺没有 2~5 个爆款的商品，店铺肯定做不起来，就算开张了，过不了多长时间也会面临着关门。但是因为有了淘金币这个选择，广大的网店经营者能够打造属于自己的淘金币商品，也给了自己店铺打造爆款商品更多机会，大家应该都知道，爆款之所以能成为爆款，一定是获得了买家的认可，再经过时间的检验和考证而成的。淘金币活动打造出来的商品，买家希望买到的是放心商品，而不是鱼龙混杂的。有时候，一个商品会亏损，但是能打造出一个爆款，网店经营者会不愿意吗？

（三）商品的提前展示和库存都要有保障

当淘金币活动款商品已经全部完成之后，网店经营者要马上让其上架提前展示，为活动的进行打下基础。因为商品在活动页面是固定的，在类目里，商品的展示是轮播的，展示时间和机会完全公平，如果提前展示都能够收获到流量，那么当活动发布之后，流量就会爆发，网店会在一瞬间被买家挤满。

所以在提前展示的阶段，网店经营者要做好所有的准备工作，因为在提前展示的时候，一定会有买家到店铺咨询的。这个时候一定要做到完美，客服人员要经过事先培训，对活动也要有足够的重视，能够有条不紊地回答买家提出的问题。只有做好这些，才能防止客服人员在面对众多买家咨询和购买的过程当中出现的问题一一解决，保证此次活动顺利进行。

除了这些，网店经营者也要检查参加活动商品的库存是否足够，务必不能小于活动页面的兑换数量。如果活动一开始，就出现了往外推买家的事件，那么这次的活动也就是失败的活动了。同时，客服人员应对和及时发货也是非常重要的。卖断货的补库存，没有库存的要下架，及时协调好各个步骤，才能保证活动顺利进行，使店铺流量持续增长，打造出店铺中的爆款。

（四）明确目的，带动连带销售

网店经营者为什么要做淘金币活动商品，其最终目的是为了订单。所以，带来流量不是网店经营者的最终目的，带来订单才是初衷。因此，网店经营者不要看到自己的店铺流量爆满，就放松警惕，要时刻明确自己的目的，那就是带来订单。

那怎样做才能善加利用好淘金币活动商品，在给店铺带来流量的基础之上还能够带来订单呢？俗话说："欲练此功，必先做好内功。"做网店，内功也是非常重要的，也就是包装一定要到位。有很多网店经营者在进行淘金币活动之后，网店的经营还是一塌糊涂。为什么会出现这种情况呢？当大家进入他的店一看，瞬间也就迷糊了，店铺装修得乱七八糟，商品杂乱无序，没有任何的分类等，其实这真的不能怪买家不买账了。网店经营者自己都不上心，怎么能够吸引买家呢？虽然淘金币活动商品能够为店铺带来一定的流量和订单，但其并不是让网店经营者把自己店铺的商品免费送给买家，而是一个绝佳的展示自我的机会。所以在曝光率增大的同时，做好店铺内在的东西显得尤为重要。因此，在上架淘金币活动商品之前，网店经营者一定要规划好整个店铺的风格、页面、活动等。只有这样，才能够利用淘金币活动商品，带动连带销售，为店铺带来更多的订单。

（五）淘金币活动商品上线后，"煽风点火"推销自己的商品

很多的网店经营者认为商品在淘金币活动中上线之后，自己的工作也就结束了，接下可安心等待生意上门了，这绝对是最大的错误认知。试想一下，当买家点进你的店铺中，看到了你的商品虽然很心动，但是一看交易记录、收藏记录貌似都没多少，他们的第一想法可能是要先观望一阵再说。

因此，在淘金币活动商品上线之后，网店经营者一定要继续宣传这款商品，"煽风点火"地推销自己的商品，争取做成人气单品，利用一切可能增加的销量的手段把它炒热。只有这样，才能保证买家在点进自己的店铺的时候，心动的同时也再无顾忌，很快就能下定决心进行购买，从而促使交易顺利达成。

三、巧妙运用淘金币，销量噌噌往上升

当网店经营者确定自己的商品能够参加淘金币活动之后，接下来就应该进行淘金币的基础运作了。淘金币的基础运作包括活动形式和运作重点。

（一）活动形式

（1）日常单品。日常单品需要网店经营者优选店铺的热销商品，从后台进入报名。审核通过后，小二会通知网店经营者做好上架准备。活动期间，网店经营者优选的日常单品可以在商品所在类目中展示 7 天，热卖商品可上热门推荐。另外，选择的商品品牌不限。

（2）类目专区。类目专区需要网店经营者优选店铺 3~9 款单品，与日常单品一样，该类目专区也要从后台进入报名。审核通过后，小二会通知网店经营者做好上架准备。活动期间，可以在商品所在类目中展示 7 天。类目专区选择的单品必须是同一个品牌的商品。譬如“××××品牌折扣区”。

（3）专题专场。参与专题专场活动的品牌，网店经营者必须要提供不少于 50 种折扣商品，另外还要外加最少 30 万元做广告投入制作专题费用。同时，网店经营者还要提前与淘金币类目小二进行沟通，确定意向，专人跟进策划。

拥有单一或多个品牌的网店经营者，要优选不少于 50 种商品交由淘金币小二进行初审。排期确定后，淘金币活动运营由小二接手负责，执行活动。

（二）运作重点

（1）基础工作。众所周知，淘金币每天聚集着几百万名购买率最高、购买力最强的优质用户，淘金币 7 天的平台展示能为网店经营者带来超高的曝

光率，让网店经营者在短时间内打造爆款，全面提升网店整体的销量，还能提升收藏量，提高搜索排名。但是网店经营者想要使活动的效果最优化，还需要做好活动前期的准备工作。

1）库存准备：库存的准备不仅仅包含淘金币活动参与商品的库存，在活动中，店内其他商品的库存量也需要保证。

2）硬件准备：当客户数量达到一定上限的时候，避免出现死机、卡网等现象。

3）人员储备：为了能在活动期间将淘金币为网店经营者带来的利益最大化，在淘金币活动前期，网店经营者必须要对店内的客服进行专业、系统的培训，让他们彻底地了解淘金币活动的相关规则。同时，为了更快地提高客服处理事情的能力和速度，一定要非常详尽地做好快捷回复。

淘金币能不能为网店经营者带来巨大的销量，仓储人员具有一定的作用，所以网店经营者要对仓储人员严格要求，使仓储人员在保证发货速度的同时，还要保证发货的效率，减少发货的出错率。

（2）关联营销。网店经营者在参与淘金币活动期间，不仅要加大直通车和“淘宝客”推广，还要根据店铺的营销类目不同、商品分类不同以及商品性质的不同，结合流量，通过淘金币价转化率高的优势快速打造爆款。

首先网店经营者要确定，关联营销的每种商品之间有没有一定的连带关系，如果有，则关联营销手段不会使买家厌烦。虽然买家不会希望在买日用品的时候有人向他推荐买一套婚纱，但是如果在这时候有人向他推荐一款性价比较高的洗发水，买家会更高兴，交易成功的概率也会更高。

网店经营者在进行关联营销的时候，可以直接在商品描述中添加其他商品的图片，并附带上购买链接、插入超链接等方式。

但是有些买家很讨厌在商品描述中看到无关的一些内容，因此网店经营者可以将一些关联商品的添加放在宝贝描述的最下方，虽然这样会降低一些关联商品的浏览量，但不容易引起买家的注意，也不会影响买家浏览当前商品的体验度。

网店经营者在做关联营销的时候，要尽量添加一些浏览量比较高的商品，例如爆款商品，这对于关联营销的效果是最好的，或者月销量比较高的商品和好评率比较高的商品，都比较适合添加关联商品推荐。因为这些商品的买家浏览量相对而言比较高，所以买家们看见网店经营者推荐的关联商品的概率比较大；反之，就会小一些。

网店经营者可以添加不同类型商品的推荐、同类型商品推荐和镇店之宝推荐。除了这几种方式外，还可以设置一些搭配套餐、限时折扣、满就送等活动。

（3）二次营销。基础工作和关联营销相关工作的最终目的是为了“抓住客户”，但是经营者不能做“一锤子买卖”，活动结束后，还需要做好二次营销工作。

淘金币平台规定“淘金币价”兑换后有效期只有 12 个小时，过期失效，所有成交记录均显示宝贝原价。这样的措施帮助网店经营者留住了一批优质的客户群体。面对如此优质的客户资源，网店经营者能不能把他们培养成网店的“忠实粉丝”显得非常重要。

淘金币平台每款活动中的商品下方都会显示“买过该商品的人怎么说”板块，会显示买家们对商品的评价，这为网店经营者收集商品的试用心得提供了很好的平台，也促进了更多优质客户的购买动力。

网店经营者了解了如何巧妙运作淘金币，就能够在这个营销平台上大展拳脚了。

附录　精准案例解析，小技巧蕴含大智慧

案例一：御泥坊品牌

2007年，一位大学生毕业回到湖南湘西边陲小镇，用家乡特有的滩头御泥研发了一种矿物泥浆面膜，然后借助淘宝电子商务平台，从零做起，从无到有，打造了一个新兴的互联网品牌——御泥坊。目前，该品牌产品已经形成系列天然矿物护肤品，依靠网络口碑相传，受到大量时尚知性女性的追捧，名列2007年度淘宝网化妆品终评榜最佳面膜。发展至今，销量一直很稳定，可见该品牌建设之成功。下面我们就来对御泥坊品牌进行简单分析：

一、御泥坊品牌故事

（一）祭泥仪式

相传在滩头，这个距今有着1500年历史的湘西边陲小镇上，在100多年前，居民们一直保留着一种奇特的仪式：每当开春时节，他们都要光着膀子，围着一堆篝火载歌载舞，并且朝自己的脸上、手上、胳膊上涂抹着一种神秘的泥块，据说这样可以避邪驱病。

（二）白蛇传说

很久以前，村里有一个生了怪病的老人，他浑身奇痒无比，久治无效，

由于害怕传染给自己的家人，这个老人只好隐居起来，住在滩头大山的竹林里。一次，他坐在林中休息，突然发现有条受伤的白蛇躲在一处碎石中。过了一段时间之后，白蛇迅速地钻进了草丛当中。几天后，在同一个地方，老人再次遇到了那条白蛇。但是，令他吃惊的是，白蛇身上的伤口竟然已经完全愈合了。受到白蛇启发后，老人将石块捣碎后用水和着涂到自己身上发痒的地方，连续几次之后，奇迹出现了，原本久治无效的皮肤病竟然神奇地痊愈了……

（三）神秘御泥

传说民间流传的神秘泥块，因其功效神秘独有，被地方官员逐级进送，最后进贡到了朝廷，并且受到了皇族的青睐，被慈禧太后封为“御”泥！因此，人们便把山上这种神奇的碎石块称为“滩头御泥”！

二、御泥坊品牌的由来

作为世界独有的不可再生资源，“御泥”的开采难度可谓是相当大，加工提取工艺也十分复杂。千百年来，除了尊贵皇族和当地居民，能够体验其独特功效的人屈指可数。如今，被历史遗忘的民族精粹通过互联网口碑相传，成为网络标杆性口碑品牌，这就是“御泥坊”。“御泥”取意为以前“皇家专享美容泥浆”，“坊”字含意“纯正物理手工提取，含有独特秘传的加工工艺”，这一名称正是御泥坊产品神奇的护肤功效、丰富的历史内涵、独特的加工工艺的直接写照。

三、品牌历史塑造及作用

（一）百年历史文化

御泥坊产品已经通过了 SGS（目前世界上最大、资格最老的民间第三方从事产品质量控制和技术鉴定的跨国公司）等多家权威机构检测，质量符合国际通用标准。

御泥坊矿物泥浆与矿物质水的开采加工提取过程，未添加任何防腐剂、香料、色素等化学成分，而是由纯物理方法完成。泥浆中富含多种矿物微量元素，能增强皮肤弹性和抗氧化能力，强化皮肤的天然防御能力，延缓皮肤衰老，其吸附污垢、收缩毛孔、美白嫩肤的效果比较显著。

（二）矿物护肤的原理

矿物质以它独特的属性在清洁、抗敏感和抗衰老等方面有着特殊的效果，而矿物护肤也正逐渐发展成为一种潮流，它已在不知不觉中渗透到人们每一道护肤程序中。

随着人们对矿物泥关注度的增加，已经有不少品牌将“矿物护肤”的理念引入到了护肤品中。人们只要稍微留意一下身边护肤品的说明书，就不难发现“矿物”这个字眼已经无处不在了，许多高级保养品中至少含有一种或者多种的矿物添加成分。

那么，矿物质美容究竟有什么作用，它对人们的肌肤又都有哪些好处呢？

矿物质又叫无机盐或微量元素，目前已经发现人体中有 60 余种矿物元素，除碳、氢、氧外，其余的元素都属于矿物质。很多人都会以为这个“微”字，就是“微不足道”的意思。这种观点是相当错误的，其实微量元素是人体不可缺少的营养之一，也是美丽和健康不可缺少的物质。这些无机盐和微量元素在美容护肤方面可谓是扮演着相当重要的角色。当人体内缺乏钙、铜、锌、硒等元素时，人的皮肤就会变得粗糙、干裂或变薄，失泽，造成皮肤功能障碍，会对身体健康造成一定的影响。目前应用于护肤领域的矿物质及微量元素，主要起着防晒镇静、清洁控油、补水保湿、抗氧化等作用。

（三）不可复制性

这里所说的不可复制性主要包括两个方面：一是采用纯手工物理方法并历时 6 个月沉淀后提炼出的矿物泥浆（其他品牌用的是各类泥，不是泥浆）与矿物水，养肤效果具有不可复制性；二是滩头矿物泥浆富含多种人体所需矿物微量元素，是世界独有的矿体，是目前唯一合法开采企业；这两点所体现出的现代化学技术是无法仿制的。

了解了御泥坊的品牌故事和品牌由来，我们可以再来分析一下该品牌深入人心的一些外在条件。2006 年至今，御泥坊在淘宝上的年销售额从半年不到 1000 元飙升至一年近 2 亿元。从该品牌的几个重要时间点来看，御泥坊证明了营销手段、产品管理和大环境三个要素在淘品牌成长过程中的重要作用。

（1）“好时机”的营销手段。

（2）网购大环境的“顺风车”。

（3）淘品牌的产品研发和管理。

几乎所有的淘宝品牌都保持着较快的新品更新速度。“物竞天择，适者生存”也比较适合这些极具竞争力的品牌。但是与服装类品牌相比，美妆类品牌的新品更迭由于品类特性、研发周期和原材料等各种因素而存在一些局限性，这些也是美妆类品牌需要突破的关键。

御泥坊品牌的成功也告诉人们，好的商品要让更多的人知道、认可、接受、喜爱，才能真正实现其自身价值。

案例二：茵曼品牌

2008 年 4 月，广州市汇美有限公司推出了棉麻生活品牌——茵曼（INMAN）。它以自然色调搭配原创设计，主打原生态下的绿色主题，主要想表达一种返璞归真、回归自然的随性美，打造独树一帜、悠然随性、逸然随型的衣着风格，适合 25~35 岁的都市女性。

茵曼开创了一种“原生态、健康”的生活方式，打造山水自然间的城市小镇风尚，只为追求一种自由自在、无拘无束的现代时尚生活态度。历经 4 年多的累积，茵曼逐渐成就了其独有的品牌实力和品牌价值，成为中国互联网成长最快、最具代表性的服饰品牌。下面就对该品牌进行简单的分析。

一、品牌故事

在长满青茵草的运动场上，
曾经的毛头小子和黄毛丫头初遇。
他们来自江南的不同角落，
却有着热爱服装的共同梦想，
和那最淳朴、最热情的青春。
他赢了万米长跑冠军，
她为他加油喝彩……
纺车前的那对恋人，
裁剪着一块块棉麻布料，
混着老纺车吱呀的织布声，
谱出曼陀铃的旋律，
古典而空灵。
茵，是青茵草，
是那片念念不忘的绿草如茵；
曼，是曼陀铃，
婉转着江南水乡的曼妙身影；
一切都是那么舒适自然。
是来自原生态的美，
牵引着身与心的时尚节奏，
素雅而简洁，个性而不张扬，
修炼成棉麻艺术家——茵曼！

二、品牌理念

茵曼品牌始终坚持着诚信、以人为本、和谐共荣、互惠互利的经营理念以及公私分明、态度端正、勤奋进取、通力合作的行业准则。

三、品牌使命

茵曼原创都市自然风，天人合一。打造原生态下的绿色主题，使都市中的女人更能亲近自然、回归自然。

四、品牌主张

素雅而简洁，个性而不张扬。

五、品牌特点

茵曼十分擅长使用真丝、全棉等天然面料，也特别注重运用如富强纤维、氨纶、莱卡等最新的高科技面料，使衣物既有天然面料的舒适性，又容易清洗，保持良好的形态。它较多使用来自欧洲和日本的面料，服饰比较适合约会、休闲、工作，令都市中的女性能够轻松地应对多种场合。

六、品牌表现

江南水乡小镇文化与西南民族风的田园山水文化的交互融合。

七、品牌释义

女人如水，
静美其姝，
衣服就是语言，
可远闻灵动清新，
接近了，灵动舒适，
是对自然的回归，
对生活的回味，
随身、随行……

茵曼，这个原创女装品牌，用不到两年的时间鲤鱼跳龙门，成就销售神话。2012 年 7 月，茵曼线上品牌忠实买家群突破 80 万人，活跃买家贡献值占 29%，其品牌价值和影响力得到了更进一步的提升。

众所周知，女装是网店热销商品之一。女人对服饰的热情成就了不少服装大卖家。同样地，这类网店的竞争也相对比较激烈，这也就意味着想要在众多网销女装中脱颖而出，就必须付出比别人更多的努力，尽可能地展现自己的品牌特色。

茵曼的创始人方建华服装设计专业毕业，曾开办过服装厂，积累了丰富的服装外贸加工贸易经验。2008 年，他将目光投向了网购领域，创建了茵曼女装品牌，全面进军电子商务市场。其服装风格是将威尼斯与江南水乡的神韵融为一体，以棉麻面料为主，致力打造一种清新脱俗的氛围。

凭着优良的质量、特有的服饰风格以及完善的配套服务，茵曼在网络这个传播途径广、传播速度便捷的空间里迅速找到了自己的市场，引领时尚。

进入茵曼的独立网上商城，人们可以看到一排“奖牌”陈列。其中有“2009 年中国网上零售品牌 50 强”、“淘宝商城精选原创品牌”，更有“南方新丝路模特大赛合作品牌”。这些都显示着茵曼通过网络销售取得的辉煌与成功，也成为“电子商务成就新商业模式”的又一力证—— 一个成立不到几年的服装品牌，已然通过网络生根发芽，且活得枝繁叶茂。

在竞争格外激烈的行业领域内，茵曼女装何以取得这样的成就？进行深入剖析后可以看出，坚持网络零售，平台网店、独立网店两手抓，是茵曼成功的最大秘诀。

在茵曼的独立网上商城中有这样明确公告：本商城不支持批发加盟，只做网店代理、网上零售。有许多货源厂商，线上与线下并举，容易导致价格体系陷入一种混乱状态。往往网上销售的价格太低，会使线下批发商就产生抱怨。而只采用网络零售的方式来销售产品，建立统一的价格体系，既容易管理，又有利于品牌形象的树立，也更有利于品牌健康、长远地发展。

在淘宝商城开设网店的大获成功，让茵曼女装在短时间内聚集了一定的名气。再加上“双十一”节的促销活动，再次使茵曼引领时尚潮流的“魔法”深入人心。

然而，茵曼品牌也不局限于在淘宝开店，毕竟该平台虽然人气十足，最终还是“租个门面来开店”。要真正实现客源独享，渠道自有，还是得搭建自己的独立网上商城。这样，一边通过淘宝商城积攒人气、提升促销量，另一边通过独立商城来打造品牌的网络销售帝国，可见茵曼女装发展势头无可限量。

茵曼通过网络渠道，快速进行品牌建设与推广，最终实现盈利。它的成功，也向人们展示了互联网大环境的日趋成熟。随着电子商务在国内发展逐渐成熟，这样的例子会越来越多，人们将会看到越来越多的成功品牌案例，网购市场多元化也会更加精彩地展现在消费者的眼前。

茵曼的成功掀起了一阵品牌旋风，它能够给其他网店经营者一些启发，使他们能够感受到品牌建设的重要性，毕竟好的商品能打动人心，但只有好的品牌才能深入人心。

案例三：淘宝“潜规则”——刷信誉遭遇“黑吃黑”

所有的网店经营者都清楚信誉对于一家店铺的重要性。在网上购物，买家最看重的就是经营者所销售的产品的质量以及经营者的服务态度。换言之就是指消费者比较重视经营者是否讲信用。然而，随着网店的普及，越来越多所谓的“信誉”都是经营者通过一些“刷钻平台”刷出来的，而其内幕以及有可能引发的严重后果通常会让人不寒而栗。以下就是一则关于刷信誉酿成恶果的案例：

一家“刷钻”网站倒闭，卷走了全国众多淘宝店主的“刷钻”担保金，少则几百元，多则几万元，这无疑是上演了一出“黑吃黑”的闹剧。

事发之后，受害店主们组建多个 QQ 群商量维权，一些店主还向公安机关报了案。其实上网搜索不难发现，诸如此类的“刷钻”网站还有很多家。当“刷钻”横行，淘宝网的信用度可信吗？消费者权益又该如何保障？

小吴（化名）在网上经营了一家店铺，主要销售保险箱。他在网上看到广告，称可以通过一种“刷钻”平台，拉高网站的“销量”和“信誉度”，这个平台就是“刷钻网”。小吴可以在这个平台里发布“任务”，请网友去自己的淘宝网店买东西，然后他再通过“刷钻网”将钱退回去。

例如，小吴卖一款价值1000元的保险箱，在出售之前他必须先存1000元到“刷钻网”，作为“平台存款”。当网友接到任务之后，会前往他的淘宝网店，拍下那款保险箱，然后再通过支付宝付款给小吴。收到钱之后，小吴并不用发货，而是把自己在“刷钻网”存的那1000元“平台存款”，转到网友在“刷钻网”的账号，这就相当于退了款。

这样一来，小吴并没有卖保险箱，而淘宝网却多了一笔信誉，并且得到“好评”。除了“发任务”卖东西，小吴也可以“接任务”——前往别人的网店买东西，别人再在“刷钻网”上把钱退给他，这样他在“刷钻网”上的“平台存款”就又增加了。

这种循环的虚假买卖，小吴每周都会进行十几次。他通过这种方式为自己增加了上百次的销量。根据淘宝的规则，400多次的销售量就能使店面多出一颗钻。在购买产品的时候，这些“钻石”、“皇冠”的信誉度是消费者优先考虑的重要指标。

小吴声称这个网站“发任务”、“接任务”的速度都非常快，往往一个“任务”发出几分钟，就有人接了，“应该是有很多网友一直聚在这个网站上”。

网站突然宣布“倒闭”，众多店主受骗：

2011年3月的一天，小吴突然发现这个网站不能正常登录了。网站上还打出《公告》，称由于管理存在漏洞，“平台负责人”从2010年10月开始，每天洗走大量现金，使网站“破产倒闭”。撰写“公告”的人自称“无语”，他在《公告》中表示：“网站的一切业务将暂停，等待公安机关追回被盗款项，逮捕归案后，我们再开放。”

可是，小吴还有4000元“平台存款”在网站上。根据网站的规定，小吴本可以申请将这些“平台存款”全部变现，退回到他的支付宝，可是现在他还没来得及申请，网站就瘫痪了。小吴称像他这样遭受损失的网店经营者还有很多，事发之后他们组建了多个 QQ 群，商讨处理事宜，其中一个 QQ 群里有 357 人，几乎都是参与“刷钻”的网店经营者。他们都声称自己因“刷钻网”的倒闭而亏损几百元、几千元，有的达到上万元。据他们估算，网站卷走的资金可能高达几百万元，甚至上千万元。

在天涯社区，网友“亲爱的偏执狂 2010”发帖称：“通过该网站的众多 QQ 群网友反映，部分超级 VIP 会员在平台存放的刷钻流转资金超过了 1 万元，根据各 QQ 群会员申报的涉案金额统计已经超过 500 万元。”

“亲爱的偏执狂 2010”还表示：“2011 年 3 月 4 日发生这一事件，但是在那一天，他们并没有出公告，说服务没有这么快，同时还发出招聘信息，说招聘新的业务员。这样的方式诱导更多人被骗。直到 3 月 11 日他们才发出这一公告。这段时间可能涉及资金的转移。”

在此次事件中，受骗的店主们有着微妙的心态，一方面，他们希望向公安机关报案，或是向淘宝提出维权；另一方面，“刷钻”本身就是违规的，网店经营者们也担心受到淘宝制裁。

在网上搜索“网上刷钻”结果有 149 万多条相关内容，浏览搜索结果不难发现此类“刷钻网”、“刷信誉网”、“刷钻平台”等平台为数众多。

“刷钻”、“刷信誉”，已经逐渐成为经营网店的“潜规则”。一些新开的店没有人气，很难取得消费者的信任，纵使是一些老店，也需要通过“刷销量”来推销自己的新产品。随着网店的普及，“刷钻”、“刷信誉”已经逐渐形成一种产业，一些依靠给人刷钻的人通常都能收取很高的报酬，收入相当可观。

淘宝回应：已对“刷钻”进行排查，一经查实“封店没商量”。

面对淘宝“潜规则”，很多人都不禁怀疑网上购物的可信度。对此，淘宝网相关负责人员做出回应：“对于这种‘刷钻’行为，淘宝网是严格禁止的。网站有一个专门的系统对此进行监控，如果同一个 ID 短时间内出现大量的交易，系统就会介入，暂停该 ID 的交易，如果查到是‘刷钻’的行为，就会立刻进行封店，这是没有商量的！”除了机器监控之外，淘宝网还安排了专门的人工小组对“刷钻”进行全面排查，以确保网上购物的真实性和可信度。

信誉是一家网店存活的“氧气”，虚假的信誉终究会使店铺陷入真空状态，想要在飞速发展的网络世界自由呼吸，网店经营者一定要重视信誉问题。

案例四：网店经营当避开“雷区”

2012 年 5 月 11 日下午，一位来自武汉淘宝 VIP2 级的买家在淘宝论坛发出了一篇帖子，此帖一出，引起数万网友争相关注，纷纷发表自己的观点。据发帖人称，有人在网上买了一套小孩寿衣给自己邮寄了过来，这对于当事人而言无疑是当头棒喝，旁人乍一听也会不寒而栗。而这个恶劣事件，却是由一个网店的差评引起的。

事件：女大学生发帖——包裹里面竟是一套寿衣

在帖子中，买家将事情的原委详细地陈述了一遍。她是一个十足的网购迷，是一名在校女大学生。2012 年 5 月 10 日下午，她收到了一个由北京海淀寄出，无具体地址的中通快递。打开一看，里面竟是一套寿衣！她收货后当即拍下了照片，迅速报警并且与包裹上的发件人取得了联系。但是，发件人李小姐的电话信号非常不好，只得知她在淘宝网上开的是卖佛教用品的店铺。后来，李小姐短信回复说是这套寿衣是由一个叫××××的山东 ID 购买的。

得知这一点后，发帖人立刻上网“人肉搜索”该淘宝 ID 的相关资料。在浏览该 ID 的主页收藏记录中，发帖人无意中看见了一条十分眼熟的外贸裙子，经回忆，她想起自己曾经买过这样一条裙子，并且因为一些原因而给予了差评。在评论中，发帖人称：“裙子收到后，发现跟描述的不一样，但客服态度很强硬，淘宝介入没有达成一致。”5 月 7 日，发帖人给予了一个差评。根据快递信息显示，这套寿衣是 5 月 8 日寄出的，5 月 10 日到货。尽管没有证据能够证明购买寿衣的 ID 和之前的裙子网店经营者有何关联，但是发帖人表示，这次寿衣事件可能就与之前的差评事件有关。

追踪：

通过对这位发帖人淘宝信用记录的搜索，记者发现她是一位黄钻买家，交易次数已接近 400 次。然而，2011 年 10 月至 2012 年 5 月，她在购物评价中给予网店经营者的中评和差评多达数十个，甚至连付邮试用 6 元、10元的商品都不能“幸免”。

例如，在购买 10 元试用的相宜本草小套装（包括 1 个金缕梅洗颜泥、1 个沙宣、2 个暖宝宝、3 个足泡）中，发帖人认为“一点都看不出值 10 元钱，准备退货的，后来算了”。随后给予差评。

此外，对于 6 元试用，她做出了“不透气，客服小鱼态度极差，还说要投诉我，我反映的是真实情况，他还说自己是店长，不知道是否属实，我只想说有这样的店长真的很无语，希望你家能在这样的经营者的带领下生意越来越好吧，投诉消费者，你厉害！”的好评，店家在评价中解释“亏还是个大学生，6 元钱试用，拍了人家的东西，还要人家还 6 元给她，替你爸妈丢人”。后来据网友估计，这条好评是经双方协商之后才改成好评的。甚至还有网友质疑，这位发帖人是不是通过差评来要求商家退款补偿的“职业差评师”？

5 月 12 日晚上，卖裙子的客服在记者的咨询下表示“事出必有因，我们不否认也不承认，只要相关机构拿出过硬的证据，我们就认栽，如果相关机构拿不出相应的证据就把我们店铺封了，我们会追究到底”。

想必很多喜欢网购的人在听闻寿衣事件后都会大惊失色。那么，何为职业差评师？网店经营如何才能避开这些“雷区”呢？

职业差评师，顾名思义是靠给别人差评生活的人，是由淘宝网催生的新兴职业。淘宝上有很多恶意买家做职业差评师，专门以给网店差评为手段索要钱财，甚至还出现了多人合作的“团伙作案”，给淘宝网店经营者造成巨大伤害。

一、职业差评师在选择差评对象的时候也有自己的规律

（1）选择 3 钻以下的店铺的原因。因为 3 钻以下的店铺通常可以算是网店销售大潮中的弱势群体。它们基本都处于起步阶段，所以会比较在意中差评，因为任何一个差评都是致命的，足以让它们难以生存。信誉高的店铺根本就不会在乎这样的差评师。所以职业差评师不会选择那些信誉高的店铺，因为攻击那样的店铺只有损失。

（2）选择没有或者很少的中差评的网店的原因。因为这就影响到好评率和信誉度，如果网店有很多中差评了，那就不会在乎再多一个了，所以职业差评师也不会选择攻击那些中差评比较多的网店的。

（3）选择东西产品便宜的店铺的原因。由于职业差评师也并非每次都得手，所以他们必须全面考虑。也就是说，如果网店不屈服，那就意味他们要"失手"了，如果产品很贵重，损失也就增大了。所以通常情况下，职业差评师都会去选择那些比较便宜、比较易碎的东西，这些都是比较容易得手的。

（4）选择地域的原因。一般情况下，职业差评师都会选择地方相对较远的店铺进行交易，收到东西后，他们就会说你的东西坏了，怎么办，要不我邮寄给你，你再给我邮寄一个新的。可是，地方太远，邮费比产品价格都贵，所以网店都会选择赔偿一些钱来了结此事，一旦赔钱，就意味网店经营者上当了。

二、网店经营者如何应对职业差评师

（1）那些连产品质量、产品价格、是否有货都不过问就直接拍东西的买家，需要经营者注意。首先要看买家的地址是否很远，其次就要看购买的产品是属于何种性质，是否易碎等。例如有人花一元钱去买一帖面膜，而邮费就 10 元，这样就特别值得怀疑。

遇到这种买家的时候，你必须尽快联系他，阿里旺旺或者直接电话联系，如果你认为他十分可疑，可直接告诉他这款没货了，然后退单。当然，

在这个过程中，你要客客气气的，因为这些人是不好得罪的。

（2）问得特别详细，但主要是专业问题的买家，网店经营者需要注意。他们很有可能是同行，而且手中还有同一款式的东西，不过是坏的。

遇到这种情况，你可以退单，或者不予理睬，让他自讨没趣地离开。

（3）买家要求必须发某某快递。假设买家的地址很多快递都能到，但是买家偏偏要求指定发某一个快递，否则就拒收，即使你告诉买家那个快递不仅贵而且慢，但买家还是执意要发那个快递，这时网店就更需要谨慎了。因为这样的买家很有可能与他所指定的快递公司的某个快递员关系比较好，到时候东西邮寄过去是好是坏就是他们说的算了。

遇到这种情况，万不可进入圈套，踏入“雷区”。你可以告诉买家无法发他所指定的快递，如果他说退货，你就退给他，多一事不如少一事，宁可不赚钱，也不能给自己带来无穷后患。

如果你真的决定做某单生意，要将准备工作做足，小心+细心=安心。注意以下几点：

真诚地对待每一位买家，警惕每一位“可疑人士”。其实绝大多数的买家都是善意的，如果你对你的产品质量足够自信，完全没有必要去担心这些所谓的“雷区”，尽可能地避开也是十分有必要的。

遭遇差评并不可怕，可怕的是对待差评那种不理不睬甚至以恶报恶的态度。很多买家都是通情达理的，他们给出差评是因为自己的利益受到了损害，只要网店经营者能够真诚地去对待买家，并且保证质量问题，店铺一定会远离恐怖的差评。

案例五：下岗妈妈开网店，创业成功

随着互联网的日益风靡与普及，越来越多的人成为网民。而网络带给人们的除了便捷快速的信息传达，还在潜移默化之下改变了人们的消费观念。

人们的潜意识中逐渐萌生一种理性消费、享受生活的理念，也慢慢形成了属于自己独特的“新消费文化”——乐于分享、口碑传播，而这一文化又催生了“诚信、透明、责任”的新商业文明，这种新商业文明开始引领人们走向一个快速、便捷的新时代。与此同时，通过经营网店赚钱的方式越来越占据着不可取代的地位。而如果人们想要从这种经营模式中挖得属于自己的那桶金，诚信就是必不可少的第一步。以下就是一则依靠诚信白手起家，创业致富的案例。

下岗那年，她 35 岁，独自抚养 7 岁的儿子，可以说她是一位坚强的母亲。她没有因为婚姻受挫而放弃生活，也没有因为人生的坎坷而向命运低头。几经思考后，她选择了经营网店这条路。

就在自己租的一个 12 平方米的车库里，她借了几千元买台电脑，开始在淘宝网上做生意。她最先开始接触的是十字绣，因为这个宝贝少，可能有发展的余地。在网上搜索的时候，她发现有很多销售十字绣的网店，几经对比，她还是决定代理十字绣。起初，生意不是很好，外加有很多东西她不是很了解，导致她在原本就很激烈的竞争大潮中面临着被淘汰的危险。第一个月，她连 100 元都挣不到，甚至还赔了不少钱。

面对这种情况，她极力撑住，不断地去寻找原因，她发现很多顾客都会带着一种质疑的态度去看待网上购物。当然，这一点是情有可原的，因为他们根本看不见产品，怀疑是很正常的。这里涉及诚信问题，纵使她再有诚意，顾客也无法真正感受到。有一段时间她真的想要把自己的“心”掏出来挂上网，让前来购买产品的顾客真切地看到她的真诚。冷却过后的她没有病急乱投医，去冒险走“刷钻”之路，而是极力细致地审视自己，分析市场，洞察顾客的一切需求。

她发现，有些顾客购买十字绣并不是因为自己会绣，而是一种突破自我的尝试，例如，她总是会接到很多顾客这样说：“十字绣难吗？我从来没有绣过，总是看着别人绣得都很好看，我也想尝试一下！”“总有人说我是个假小子，我从没有干过针线活，对这些东西也是碰都不碰的，但是我想突破自己一下，去尝试一些自己从来没有做过的事情！”“在你店里买十字绣能免费教我怎么绣吗？绣不好怎么办呢？”

她是一个十字绣高手，在她看来，十字绣是一件十分简单的事情。所以起初，在面对诸如此类的顾客时，她通常都是哭笑不得，有些不知道该如何接话的感觉。后来，她渐渐学会站在顾客的角度去思考问题。让一个从未下过厨房的人和一个五星级大厨同时去做一盘西红柿炒蛋，两者之间是没有可比性的。她逐渐意识到自己所面临的就是这个问题。在她看来十分简单的事情，对那些从未绣过十字绣的人来说可谓是比登天还难。更加棘手的是，有的顾客还会在询问十字绣的时候摇摆不定，思考自己到底要不要绣。在面对这种顾客的时候，她从来都是站在顾客的角度去替他们着想。

通常情况下，她都会从这三个问题着手，去询问顾客，“你为什么突然想绣十字绣？”“你觉得你适合绣哪种十字绣？”“你最看重十字绣的哪些特点，是质量还是图案？”她会将顾客当作自己的朋友，一点一点地去引导对方熟悉十字绣，继而对十字绣产生兴趣。就是在这样的细致讲解中，她所流露出的真诚逐渐被顾客所肯定、赞许，回头客也越来越多。

在进货的时候，她亲自把关，她将自己写的一句话挂在了网店的首页，时刻提醒自己，“保证质量，就是对顾客负责，保证态度，就是对自己负责！”

此外，她还别出心裁地根据图案，给每一件十字绣都起了十分古典的名字，并且编了一些小故事，外加精美的图片显示，可谓是吸引了无数眼球。渐渐地，她的生意越来越火爆，生活条件也越来越好。但她没有懈怠，不断地扩张自己的店铺，进行精装修，并且承诺，“凡是在本店购买的十字绣，出现绣错、难绣情况的，可以免费代绣”。或者可以付费代绣整套十字绣，价格要比其他店铺低很多。她的诚信为店铺积攒了很高的人气，信誉也大幅度上升。

再后来，随着店铺的不断扩大，她开始兼营一些品牌毛线、品牌内衣，等等。不断充实自己的同时她从未忘记诚信第一的宗旨，后来就出现这种情况，有些顾客一看到是她的店，都会不加交涉地下单购买。在评论中也有很多顾客表示，“我是追随者，我就是追随店主进入这个店的，希望店主以后可以涉及更多的产品，这样就给我们买家节省不少时间，也节省不少口水，因为我们信得过店主，也信得过产品！”

看到这里，很多经营者可能会比较钦佩这位下岗妈妈。她没有高学历、没有好背景，甚至比普通人更普通。然而，她有的是一颗朴实无华、真诚的心。她能够设身处地地站在顾客的角度去思考，为他们着想，更懂得诚信经营对于一家淘宝店来说意味着什么。有些网店经营者在面对顾客一些“傻里傻气”的问题时都会显得十分不耐烦，或者隔着屏幕还在谩骂，这样的态度永远都不会为店铺迎来人气。

其实，每一个创业者的成功都不是偶然得来的。它都是需要历经努力，一分一秒地积累起来。店无信不立，而网店经营者的诚信一旦被顾客所认可，就意味给店铺带去了令人羡慕的春天。

诚信经营胜过一切能让店铺人气高涨起来的方式。让顾客感受到真诚，是店铺生意经久不衰的秘密法宝。